JN090606

Das Alphabet

		名　称	音　価					名　称	音　価	
A	**a**	[aː]	[aː]	[a]		**Ä**	**ä**	[ɛː]	[ɛː]	[ɛ]
B	**b**	[beː]	[b]	[p]						
C	**c**	[tseː]	[k]							
D	**d**	[deː]	[d]	[t]						
E	**e**	[eː]	[e:] [ɛ] [ə]							
F	**f**	[ɛf]	[f]							
G	**g**	[geː]	[g]	[k]						
H	**h**	[haː]	[h]	[ː]						
I	**i**	[iː]	[iː] [i] [ɪ]							
J	**j**	[jɔt]	[j]							
K	**k**	[kaː]	[k]							
L	**l**	[ɛl]	[l]							
M	**m**	[ɛm]	[m]							
N	**n**	[ɛn]	[n]							
O	**o**	[oː]	[oː] [ɔ]			**Ö**	**ö**	[øː]	[øː]	[œ]
P	**p**	[peː]	[p]							
Q	**q**	[kuː]	[kv] (← qu)							
R	**r**	[ɛr]	[r]							
S	**s**	[ɛs]	[s] [z]							
T	**t**	[teː]	[t]							
U	**u**	[uː]	[uː] [ʊ]			**Ü**	**ü**	[yː]	[yː]	[ʏ]
V	**v**	[faʊ]	[f] まれに [v]							
W	**w**	[veː]	[v]							
X	**x**	[ɪks]	[ks]							
Y	**y**	[ýpsilɔn]	[yː] [ʏ]							
Z	**z**	[tsɛt]	[ts]							
	ß	[ɛstsɛ́t]	[s]							

Prämie

Deutsch

Ver.3.

Michio KAMITAKE   Keiko KUNIMITSU   Akihiro TAJIMA

HAKUSUISHA

──────────── 音声ダウンロード ────────────

音声データは白水社ホームページ（http://www.hakusuisha.co.jp/download/）からダウンロードすることができます。（お問い合わせ先：text@hakusuisha.co.jp）

吹込者： 石原アンナ、トーマス・マイヤー

吹込箇所：ドイツ語のアルファベット、綴りと発音、例文、読んでみよう！、
　　　　　対話してみよう！、練習問題
　　　　　（DL99〜100は欠番）

イラスト　鹿野理恵子

装丁・本文レイアウト　株式会社エディポック

はじめに

・・・・

　本書は2018年の初版以来多くの先生方にご採用いただき、著者一同心より御礼申し上げます。2021年の改訂版に続き、このたび三訂版を刊行することになりました。

　本書の特色とあわせて、改訂版からの変更点について説明いたします。

1) 各課4頁構成で、最初の見開きの2頁に文法 `Grammatik` と `基本練習` がわかりやすくコンパクトにまとめてあります。「文法説明」に一部わかりにくいところがありましたので、その部分だけ書きかえました。「基本練習」につきましても、より適切な設問になるように若干の変更を加えました。

2) 各課3頁目にくる「読み物」は、「読んでみよう！」と「対話してみよう！」に分けて、それぞれLesen（読む）とSprechen（話す）に特化した文体の読み物となっています。同一のテーマについて2つの独立したテクストとしてまとめてあります。「読みもの」について、数課分に限定して一部書きあらためました。

3) 3頁目の「読み物」の内容に関連してコラム `column` を設け、その中にドイツ語圏の言語・文化・社会に関する短い記事が載せてあります。テクストを読んだあと、ひと息つきながら異文化社会への理解と関心を引き出せるような内容となっています。「コラム」もわずかですが内容をかえました。

4) 4頁目にくる `Übungen` では、文法確認のための穴埋め問題（5題）と書き換え問題（5題）、そしてドイツ語作文（2題）を課しています。文法事項を理解し、応用力をつけて、ドイツ語で発信するための設問です。 `Übungen` は、改訂版で全課すべてあらたに書きかえましたので、今回は設問の仕方等わずかですが変更を加えました。

5) 各課最後に「この課のポイント」と題して、何を学んだのかもう一度学習者自身が頭の中で整理できるように要点のみが簡単に記されています。

　総じて、全課にわたって気になるところに手直しを加え、より使いやすい教科書となるように心がけました。

　言語は記号の体系であり、コミュニケーションのツール（道具）に過ぎないという見方がある一方で、言語はそれを話す民族のアイデンティティを形成する象徴でもあります。英語だけでなくドイツ語など複数言語を学習することで、他民族や異文化への理解が深まることに言を俟ちません。

　地球儀を一度環太平洋からその裏側へ回してみてください。そこには長い歴史と文化に彩られた素晴らしい世界が広がっています。外国語を学ぶことは、未知の世界へ足を踏み入れることに直結します。とりわけドイツ語を学習することは、それ自体が魅力的なプレミアムとなります。そしてこのプレミアム（プレーミエ）が全てのドイツ語学習者にひろく行き渡り、世界へはばたく一助となることを著者一同心より願っています。

2024年 春　　　　　　　　　　　　　　　　　　　　　　　　　　　　　　　　著　者

Inhalt [目次]

Lektion **1**

Ich bin Student. ‥‥‥ 12
1．動詞の現在人称変化（1）― 規則動詞　2．人称代名詞（1）　3．重要動詞sein
4．疑問文（1）― 決定疑問文　5．定動詞第2位の原則
column ドイツ語を学ぼう

Lektion **2**

Das ist ein Mann. ‥‥‥ 16
1．名詞の性　2．冠詞 ― 定冠詞と不定冠詞　3．重要動詞haben
4．注意すべき動詞　5．疑問文（2）― 補足疑問文
column 現代ドイツ語

Lektion **3**

Mein Vater ist Ingenieur. ‥‥‥ 20
1．名詞の複数形　2．定冠詞類・不定冠詞類　3．否定文
column 証明写真

Lektion **4**

Mach zuerst die Hausaufgaben! ‥‥‥ 24
1．動詞の現在人称変化（2）― 不規則動詞　2．命令文　3．勧誘文
column ドイツのマンガ事情

Lektion **5**

Ich fahre in die Schweiz. ‥‥‥ 28
1．人称代名詞（2）　2．前置詞　3．並列接続詞
column スイス料理

Lektion **6**

Man darf kein Fleisch essen. ‥‥‥ 32
1．話法の助動詞　2．未来の助動詞　3．zu不定詞
column 春を待つイベント

Lektion **7**

Der letzte Ritter kommt! ‥‥‥ 36
1．形容詞の用法　2．形容詞の格変化　3．形容詞の名詞化　4．序数詞
column ドイツ語圏の夏祭り

ドイツ語圏の国々

- **Deutschland** ▸ Bundesrepublik Deutschland（BRD）　［ドイツ連邦共和国］
  首都：Berlin（ベルリン）

- **Österreich** ▸ Republik Österreich　　　　　　　　［オーストリア共和国］
  首都：Wien（ウィーン）

- **die Schweiz** ▸ Schweizerische Eidgenossenschaft　［スイス連邦］
  首都：Bern（ベルン）

- **Luxemburg** ▸ Großherzogtum Luxemburg　　　　　［ルクセンブルク大公国］
  首都：Luxemburg（ルクセンブルク）

- **Liechtenstein** ▸ Fürstentum Liechtenstein　　　　［リヒテンシュタイン公国］
  首都：Vaduz（ファドゥーツ）

ドイツ語のアルファベット

Das Alphabet

A	a	[aː]	P	p	[peː]
B	b	[beː]	Q	q	[kuː]
C	c	[tseː]	R	r	[ɛr]
D	d	[deː]	S	s	[ɛs]
E	e	[eː]	T	t	[teː]
F	f	[ɛf]	U	u	[uː]
G	g	[geː]	V	v	[faʊ]
H	h	[haː]	W	w	[veː]
I	i	[iː]	X	x	[ɪks]
J	j	[jɔt]	Y	y	[ýpsilɔn]
K	k	[kaː]	Z	z	[tsɛt]
L	l	[ɛl]	Ä	ä	[ɛː]
M	m	[ɛm]	Ö	ö	[øː]
N	n	[ɛn]	Ü	ü	[yː]
O	o	[oː]		ß	[ɛstsét]

綴りと発音

Ⅰ．母音

1）母音の長短

- 1つの子音字の前では長い　Name 名前　　　Ofen ストーブ
- 2つ以上の子音字の前では短い　Bitte 願い　　　Luft 空気
- 母音 + h は長音となる　Bahn 鉄道　　　Ruhe 休息
- 重母音は長音となる　Tee お茶　　　Boot ボート

2）変母音

ä [ɛː][ɛ]　「ア」の口（唇）の形のままで「エ」と発音する。

Nähe 近く　　　Kälte 寒さ

ö [øː][œ]　「オ」の口（唇）の形のままで「エ」と発音する。

Öl 油　　　öffnen 開ける

ü [yː][ʏ]　「ウ」の口（唇）の形のままで「イ」と発音する。

üben 練習する　　Hütte 小屋

＊元の口（唇）の形を決して崩さないで発音してください。
　自然に口の中で舌が前の方へ少しずれるはずです。

3）注意すべき母音

au	[aʊ]	Baum 樹木	Haus 家
ei	[aɪ]	Eis 氷	klein 小さい
eu, äu	[ɔy]	heute 今日	Bäume 樹木（複数形）
ie	[iː]	Liebe 愛	Biene ミツバチ

4）r の母音化

語末の r	[ɐ]	Uhr 時計	Tor 門、ゴール
語末の er	[ɐ]	Lehrer 先生	Mutter 母

II. 子音

1) 注意すべき子音 → DL 07

j [j]	Japan	日本	Junge	少年
v [f]	Vogel	鳥	Volk	民族
w [v]	Wagen	車	Wunder	驚き
x [ks]	Examen	試験	Hexe	魔女
z [ts]	Zoo	動物園	Zucker	砂糖

2) b、d、g [p, t, k] [b, d, g] → DL 08

Urlaub	休暇	Urlauber	休暇を過ごす人
Hand	手	Hände	手（複数形）
Berg	山	Berge	山（複数形）

3) ig [ɪç] → DL 09

König 王　　　　　ruhig 静かな

4) ch → DL 10

a, o, u, auの後 [x]	Dach	屋根	Tochter	娘
	Buch	本	auch	～もまた
e, iの後 [ç]	Becher	コップ	nicht	（否定）…ない

5) s → DL 11

s＋母音 [z]	sagen	言う	singen	歌う
母音／子音＋s [s]	Bus	バス	Kunst	芸術

6) ssとß → DL 12

ss	[s]	essen 食べる	Wasser 水
ß	[s]	heiß 熱い	groß 大きい

7) 注意すべき複子音など → DL 13

sch	[ʃ]	schlafen	眠る	schön	美しい
sp	[ʃp]	spielen	遊ぶ	Sport	スポーツ
st	[ʃt]	Stein	石	Stuhl	いす
tsch	[tʃ]	Deutsch	ドイツ語	tschüs	バイバイ
pf	[pf]	Apfel	リンゴ	Kopf	頭
qu	[kv]	Quelle	泉	Quittung	領収書

読んでみよう！

- **曜日** → DL 14

Sonntag	日曜日	Montag	月曜日	Dienstag	火曜日	Mittwoch	水曜日

Donnerstag 木曜日　Freitag 金曜日　Samstag 土曜日 (ドイツ北部では Sonnabend)

- **季節** → DL 15

Frühling 春　　　Sommer 夏　　　Herbst 秋　　　Winter 冬

- **月** → DL 16

Januar	1月	Februar	2月	März	3月	April	4月
Mai	5月	Juni	6月	Juli	7月	August	8月
September	9月	Oktober	10月	November	11月	Dezember	12月

- **あいさつ** → DL 17

Guten Morgen!	おはよう
Guten Tag!	こんにちは
Guten Abend!	こんばんは
Gute Nacht!	おやすみ
Hallo!	やあ、ちょっと (呼びかけ)、もしもし (電話で)
Tschüs!	じゃあね
Auf Wiedersehen!	さようなら (フォーマルな言い方)
Auf Wiederhören!	さようなら (電話・ラジオで)
Leben Sie wohl! (Leb wohl!)	さようなら、お元気で (長い別れのとき)
Danke! / Danke schön!	ありがとう
Bitte! / Bitte schön! / Bitte sehr!	どういたしまして

• 数詞（基数）

0	null				
1	eins	11	elf	21	einundzwanzig
2	zwei	12	zwölf	22	zweiundzwanzig
3	drei	13	dreizehn	23	dreiundzwanzig
4	vier	14	vierzehn	24	vierundzwanzig
5	fünf	15	fünfzehn	25	fünfundzwanzig
6	sechs	16	sechzehn	26	sechsundzwanzig
7	sieben	17	siebzehn	27	siebenundzwanzig
8	acht	18	achtzehn	28	achtundzwanzig
9	neun	19	neunzehn	29	neunundzwanzig
10	zehn	20	zwanzig	30	dreißig

40	vierzig	50	fünfzig	60	sechzig
70	siebzig	80	achtzig	90	neunzig
100	(ein)hundert	200	zweihundert	300	dreihundert
1000	(ein)tausend	10000	zehntausend	100000	hunderttausend
1000000	eine Million	2000000	zwei Millionen		

• 西暦年号の読み方 →

1989	neunzehnhundertneunundachtzig
2024	zweitausendvierundzwanzig

• 時刻の言い方 →DL 20

> **Wie spät ist es?**（=**Wie viel Uhr ist es?**）　何時ですか。　**Es ist** neun Uhr. 　9時です。

1時05分	ein Uhr fünf / fünf nach eins
2時56分	zwei Uhr sechsundfünfzig / vier vor drei
3時30分	drei Uhr dreißig / halb vier
4時15分	vier Uhr fünfzehn / Viertel nach vier
5時45分	fünf Uhr fünfundvierzig / Viertel vor sechs
6時23分	sechs Uhr dreiundzwanzig / sieben vor halb sieben
7時38分	sieben Uhr achtunddreißig / acht nach halb acht

Ich bin Student.

▶ 動詞の現在人称変化（1）　人称代名詞（1）　sein動詞　疑問文（1）

📎**Grammatik**

→ DL 21

1．動詞の現在人称変化（1）—— 規則動詞

　動詞は主語の人称によって変化する。これを動詞の**人称変化**という。

- 動詞の基本形（**不定詞**）は**語幹**と**語尾-en**に分かれる。
- 語尾-enの部分が、主語の**人称**と**数**（単数と複数）に応じて変化する。
- 人称変化した動詞を**定動詞**という。

不定詞　lern -en　学ぶ
語幹＋語尾

▶ 動詞 lernen の現在人称変化

	単数			複数		
1人称	ich	lerne	私は学ぶ	wir lernen		私たちは学ぶ
2人称（親称）	du	lernst	君は学ぶ	ihr lernt		君たちは学ぶ
3人称	er/sie/es	lernt	彼・彼女・それは学ぶ	sie lernen		彼らは学ぶ
2人称（敬称）		Sie lernen		あなた（あなた方）は学ぶ		

基本練習1 下線部に適切な語尾を入れなさい。

・kommen（来る）　　　　　　　・gehen（行く）

ich komm＿＿＿　wir komm＿＿＿　　ich geh＿＿＿　wir geh＿＿＿

du komm＿＿＿　ihr komm＿＿＿　　du geh＿＿＿　ihr geh＿＿＿

er komm＿＿＿　sie komm＿＿＿　　er geh＿＿＿　sie geh＿＿＿

　　　Sie komm＿＿＿　　　　　　　　　Sie geh＿＿＿

2．人称代名詞（1）

　文の主語は、必ず**1人称**、**2人称**、**3人称**のいずれかに区別され、しかも**単数**と**複数**に分けられる。

> ⚠ 主語は原則的に省略できないので、できるだけ主語からイメージして文を作る

- **2人称親称のdu / ihr**

　du / ihrは家族、友人といった親しい間柄の者や、子供など気軽に話せる相手に対して用いる。

- **2人称敬称のSie**

　Sieはだいたい高校生以上の人や初対面の人など、それほど親しくない相手に対して用いる。

　Sieは文頭以外のどこにあっても大文字書きとする。

- **親称du / ihrと敬称Sieの区別**

　年齢差ではなく親しさの度合いによって使い分ける。

> ⚠ 日本語の敬語表現とは異なるので、要注意！

基本練習2 下線部に適切な語尾を入れなさい。

1) 私はドイツ語を学ぶ。　➡ Ich lern__ Deutsch.

2) 君はフランス語を学ぶ。　➡ Du lern__ Französisch.

3) 彼は英語を学ぶ。　➡ Er lern__ Englisch.

4) 彼女は日本語を学ぶ。　➡ Sie lern__ Japanisch.

3. 重要動詞sein「〜である」の現在人称変化

	単数		複数	
1人称	ich　bin	私は〜です	wir sind	私たちは〜です
2人称(親称)	du　bist	君は〜です	ihr seid	君たちは〜です
3人称	er/sie/es ist	彼・彼女・それは〜です	sie sind	彼らは〜です
2人称(敬称)	Sie sind	あなた(あなた方)は〜です		

4. 疑問文(1) —— 決定疑問文:「はい」か「いいえ」を問う疑問文

疑問詞を用いない疑問文(**決定疑問文**)では、定動詞が文頭にくる。(**定動詞倒置**)

Sind Sie krank?　　　　　あなたは病気ですか?

➡ **Ja**, ich bin krank.　　　はい、私は病気です。

➡ **Nein**, ich bin **nicht** krank.　いいえ、私は病気ではありません。

- 形容詞・副詞を否定するときは、**否定詞nicht**をその直前に置く。 ❗ 否定詞nichtについては、21頁を参照

基本練習3 下線部に適切なsein動詞の人称変化形を入れなさい。

1) 君たち(親称)は勤勉ですか。　➡ _____ ihr fleißig?

　はい、私たちは勤勉です。　➡ Ja, wir _____ fleißig.

2) 彼女は幸せですか。　➡ _____ sie glücklich?

　はい、彼女は幸せです。　➡ Ja, sie _____ glücklich.

3) あなた(敬称)は疲れたのですか。　➡ _____ Sie müde?

　いいえ、私は疲れていません。　➡ Nein, ich _____ nicht müde.

5. 定動詞第2位の原則

平叙文では、定動詞は必ず文頭から2番目の位置にくる。これを**定動詞第2位の原則**という。

Ich **trinke** morgens Tee.　　　私は朝、紅茶を飲む。

Nachmittags **trinke** ich Kaffee.　午後はコーヒーを飲む。

Bier **trinke** ich meistens abends.　ビールはたいてい夜飲む。

▶ **Deutsch**

Ich bin Student.

Ich bin 19 Jahre alt.

Ich lerne jetzt Deutsch.

Ich bin Studentin.

Ich bin 18 Jahre alt.

Ich lerne auch Deutsch.

単語・熟語・構文
r Student　大学生
19 (neunzehn) Jahre alt　19歳
lerne < lernen　学ぶ
jetzt　今
s Deutsch　ドイツ語
e Studentin　（女性の）大学生
18 (achtzehn)　18
auch　〜もまた

 対話してみよう！ **Dialog 1**

A：Bist du Student?

B：Ja, ich bin Student.
　　Bist du auch Studentin?

A：Ja, ich bin auch Studentin.
　　Lernst du Französisch?

B：Nein, ich lerne Deutsch.

→DL 23

column　ドイツ語を学ぼう！

　約1億2500万人がドイツ語を第1言語(母語)または第2言語として話し、ドイツ語は世界的に最も重要な言葉の一つに挙げられます。そしてヨーロッパでは約1億100万人がドイツ語を母語として話しています。EUの諸機関ではドイツ語は英語の次に、またフランス語と並んで重要な言語です。

1. [   ] の動詞を主語に応じて人称変化させ、(   ) に入れなさい。 → DL 24

　1) (　　　　　) er Student?　　—— Ja, er (　　　　　) Student.　　　　[sein]

　2) (　　　　　) sie Studentin?　—— Ja, sie (　　　　　) auch Studentin. [sein]

　3) (　　　　　) er pünktlich?　　—— Nein, er (　　　　) nicht pünktlich. [kommen]

　4) (　　　　　) du fleißig?　　　—— Ja, ich (　　　　) sehr fleißig.　　　[lernen]

　5) (　　　　　) ihr Fußball?　　—— Ja, wir (　　　　) Fußball.　　　　[spielen]

2. 指示に従って全文を書き換えて、それを訳しなさい。 → CD 25

　1) Er ist Lehrer.　　　　　　＜主語を敬称のSieに＞

　➡ ....

　2) Du hörst Musik.　　　　　＜主語をichに＞

　➡ ....

　3) Ihr singt gern.　　　　　　＜主語をwirに＞

　➡ ....

　4) Sie spielt heute Tennis.　＜heuteを文頭に＞

　➡ ....

　5) Du trinkst immer Milch.　＜疑問文に＞

　➡ ....

3. ドイツ語に訳しなさい。 → DL 26

　1) 君は(親称)今日サッカーをします(spielen)か。　—— はい、私は今日サッカーをします。

　➡ ....

　2) あなたは(敬称)ドイツ語を学んでいますか。　—— はい、私はドイツ語を学んでいます。

　➡ ....

📖 **この課のポイント**

　英語では be 動詞が I am, You are, He is ... といったように主語に応じて変化します。ドイツ語も英語と同じように、sein 動詞が変化します。英語と違うのは、ドイツ語の場合すべての動詞が主語に応じて変化するという点です。

Das ist ein Mann.

▶ 名詞の性　定冠詞と不定冠詞　haben動詞　注意すべき動詞　疑問文（2）

Grammatik

→ DL 27

1．名詞の性

ドイツ語の名詞には、**男性・女性・中性**という3つの**性**（Genus）がある。

名詞の性は、生物学的な性を除き、あくまでも文法上の区別に過ぎない。

男性名詞：	Vater	父	Tisch 机	Mond	（天体の）月
女性名詞：	Mutter	母	Tasche カバン	Sonne	太陽
中性名詞：	Kind	子供	Buch 本	Meer	海

2．冠詞 ——定冠詞と不定冠詞

冠詞には英語と同様、**定冠詞**と**不定冠詞**の区別がある。ドイツ語の場合、名詞の性に応じて冠詞の形が異なる。名詞の性は主に定冠詞によって見分けることができる。

	定冠詞「その、この、あの〜」	不定冠詞「1つの、1人の、ある〜」
男性名詞：	**der** Vater	**ein** Vater
女性名詞：	**die** Mutter	**eine** Mutter
中性名詞：	**das** Kind	**ein** Kind

⚠ 名詞は定冠詞と一緒に覚えよう！

基本練習1 次の名詞の意味を調べ、定冠詞と不定冠詞を付けなさい。

1）Rock 　　（　　　　　）　定冠詞 ＿＿＿＿ Rock　　不定冠詞 ＿＿＿＿ Rock

2）Blume　 （　　　　　）　定冠詞 ＿＿＿＿ Blume　不定冠詞 ＿＿＿＿ Blume

3）Mädchen （　　　　　）　定冠詞 ＿＿＿＿ Mädchen　不定冠詞 ＿＿＿＿ Mädchen

● 定冠詞の格変化

冠詞は4つの格ごとに変化する。これを**格変化**という。

⚠ 格は日本語のはのにをと同様とても重要です。しっかり覚えましょう！

	単数形			複数形
	男性名詞	女性名詞	中性名詞	
1格	**der** Vater	**die** Mutter	**das** Kind	**die** Leute 人々
2格	**des** Vaters	**der** Mutter	**des** Kind(e)s	**der** Leute
3格	**dem** Vater	**der** Mutter	**dem** Kind	**den** Leuten
4格	**den** Vater	**die** Mutter	**das** Kind	**die** Leute

⚠ 複数形では名詞の性の区別がなくなる。

● 格の役割

1格（主格）	～は	**Der Schüler** ist fleißig.	その生徒は勤勉だ。
2格（属格）	～の	Der Vater **des Schülers** ist Lehrer.	その生徒の父親は教師です。
3格（与格）	～に	Der Schüler ist **dem Vater** ähnlich.	その生徒は父親に似ている。
4格（対格）	～を	Der Vater lobt **den Schüler**.	父親はその生徒をほめている。

● 不定冠詞の格変化

<table>
<tr><th rowspan="2"></th><th colspan="6">単数形</th></tr>
<tr><th colspan="2">男性名詞</th><th colspan="2">女性名詞</th><th colspan="2">中性名詞</th></tr>
<tr><td>1格</td><td colspan="2">ein Mann 男、夫</td><td colspan="2">eine Frau 女、妻</td><td colspan="2">ein Mädchen 少女</td></tr>
<tr><td>2格</td><td colspan="2">eines Mann(e)s</td><td colspan="2">einer Frau</td><td colspan="2">eines Mädchens</td></tr>
<tr><td>3格</td><td colspan="2">einem Mann</td><td colspan="2">einer Frau</td><td colspan="2">einem Mädchen</td></tr>
<tr><td>4格</td><td colspan="2">einen Mann</td><td colspan="2">eine Frau</td><td colspan="2">ein Mädchen</td></tr>
</table>

3．重要動詞 haben「持つ、持っている」の現在人称変化

	単数		複数	
1人称	ich **habe**	私は持っている	wir **haben**	私たちは持っている
2人称（親称）	du **hast**	君は持っている	ihr **habt**	君たちは持っている
3人称	er **hat**	彼は持っている	sie **haben**	彼らは持っている
2人称（敬称）	Sie **haben**	あなた（あなた方）は持っている		

> **基本練習2** ＿＿＿＿ に適切な不定冠詞を、＿＿＿＿ に適切な定冠詞を入れなさい。

1）Ich habe ＿＿＿＿ Hund. ＿＿＿＿ Hund ist groß.

2）Du hast ＿＿＿＿ Katze. ＿＿＿＿ Katze ist klein.

3）Wir haben ＿＿＿＿ Auto. ＿＿＿＿ Auto ist neu.

4．注意すべき動詞の現在人称変化

● **arbeiten** 働く、仕事をする

	単数	複数
1人称	ich arbeite	wir arbeiten
2人称（親称）	du arbeitest	ihr arbeitet
3人称	er arbeitet	sie arbeiten
2人称（敬称）	Sie arbeiten	

● **heißen** ～という名前である

	単数	複数
1人称	ich heiße	wir heißen
2人称（親称）	du heißt	ihr heißt
3人称	er heißt	sie heißen
2人称（敬称）	Sie heißen	

5．疑問文（2）——補足疑問文：疑問詞を使った疑問文

wann いつ　　**wo** どこに（で）　　**wer** 誰が　　**was** 何が（を）　　**wie** どのように

warum なぜ　　**woher** どこから　　**wohin** どこへ　　**wie viel** どれくらい

> ⚠ werとwasの格変化については、57頁を参照

Wo wohnen Sie?　　　——Ich wohne in Osaka.

あなたはどこに住んでいますか。　　私は大阪に住んでいます。

Was machen Sie?　　　——Ich lerne Japanisch.

あなたは何をしていますか。　　私は日本語を学んでいます。

🗣 読んでみよう！ 〔 Text 2 〕

▶ Hamburg

Das ist ein Mann.

Der Mann heißt Sven Baumann.

Er kommt aus Hamburg.

単語・熟語・構文
das ist ...　これは〜です
kommt < kommen　来る
aus ... kommen　〜出身である

Das ist eine Frau.

Die Frau heißt Irene Huber.

Sie kommt aus München.

🗣 対話してみよう！ 〔 Dialog 2 〕

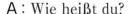

A：Wie heißt du?

B：Ich heiße Sven.

A：Woher kommst du?

B：Ich komme aus Hamburg.

A：Wo wohnst du?

B：Ich wohne in Berlin.

単語・熟語・構文
Wie heißt du?　名前は何というの
woher　どこから
Woher kommst du?　出身はどこ
wo　どこに
wohnst < wohnen　住んでいる
in ... wohnen　〜に住んでいる

〔 column 〕 現代ドイツ語

　ドイツ語の歴史区分によれば、1950年以降のドイツ語を現代ドイツ語と呼びます。ザクセン方言、バイエルン方言、シュヴァーベン方言など16の州ごとに方言が異なり、それぞれ地域の特色を表しています。都市に人口が集中し、マスメディアが浸透するにつれ、都会の話し言葉から方言色が少しずつなくなってきています。

1. [ ] の動詞を主語に応じて人称変化させ、( ) に入れなさい。 → DL 30

1) Wie ( ) er? —— Er ( ) Ken Ogawa. [heißen]
2) Woher ( ) sie? —— Sie ( ) aus Sapporo. [kommen]
3) Wie alt ( ) du? —— Ich ( ) 19 Jahre alt. [sein]
4) Was ( ) ihr jetzt? —— Wir ( ) ein Lied. [machen] [singen]
5) ( ) Sie fleißig? —— Ja, ich ( ) fleißig. [arbeiten]

2. 指示に従って全文を書き換えて、それを訳しなさい。 → DL 31

1) Das ist ein Heft. ＜HeftをUhrに＞
➡ ....

2) Die Brille der Mutter ist teuer. ＜MutterをVaterに：格変化に注意＞
➡ ....

3) Du bist dem Großvater ähnlich. ＜GroßvaterをGroßmutterに＞
➡ ....

4) Ich kaufe einen Kugelschreiber. ＜主語をerに＞
➡ ....

5) Trinken Sie gern Kaffee? ＜主語をduに＞
➡ ....

3. ドイツ語に訳しなさい。 → DL 32

1) 彼女はおば(e Tante)が一人います。そのおばはとても(sehr)活動的(aktiv)です。
➡ ....

2) 彼はおじ(r Onkel)が一人います。そのおじはとても親切(nett)です。
➡ ....

📖 **この課のポイント**

　西暦700年～1100年頃の英語(古英語)はドイツ語と非常によく似ていました。ここで初めて習う3つの性と4つの格は、昔の英語にもあったのです。その後英語は大きく変化し簡略化したのに対し、ドイツ語は基本的に昔の言語形式をずっと今でも持ち続けているといえます。ドイツ語を通じて英語の歴史を垣間見ることができます。

Mein Vater ist Ingenieur.

▶ 名詞の複数形　定冠詞類・不定冠詞類　否定文

Grammatik　　　　　　　　　　　　　　　　　　　　　→ DL 33

1．名詞の複数形

名詞の複数形は、大きく5つの型に分類できる。

変化型	語尾	単 数		複 数
1．ゼロ型	-	der Kuchen	ケーキ	die **Kuchen**
	¨	die Tochter	娘	die **Töchter**
2．-e型	-e	der Freund	男友達	die **Freunde**
	¨-e	die Hand	手	die **Hände**
3．-er型	-er	das Kind	子供	die **Kinder**
	¨-er	das Buch	本	die **Bücher**
4．-(e)n型	-n	das Auge	目	die **Augen**
	-en	die Frau	女性	die **Frauen**
5．-s型	-s	das Hotel	ホテル	die **Hotels**
		das Auto	車	die **Autos**

⚠ ・単数・複数が同じ形！
・母音が変音（ウムラウト）
　することがある！

⚠ 外来語に多い。

基本練習1 次の名詞を複数形にしなさい。

1）der Baum（木）　　➡　die ＿＿＿＿＿＿＿＿

2）die Brille（メガネ）　➡　die ＿＿＿＿＿＿＿＿

3）das Haus（家）　　➡　die ＿＿＿＿＿＿＿＿

⚠ 辞書の引き方に早く慣れよう！

　　　　　　性　　2格／複数形
der Mann ─┬男┐ ～es／Männer
　　　　　└m.┘ ～es／¨-er

2．定冠詞類・不定冠詞類

● **定冠詞類**：定冠詞類は、定冠詞der, die, dasと同じような語尾変化をする。

⚠ -erのところが定冠詞の
語尾のように変化する！

dieser この　　　　　jener あの　　　　　solcher そのような　　　aller すべての

mancher 多くの　　　jeder それぞれの　　welcher どの

	男性（この男友達）	女性（この女友達）	中性（この本）	複数（この人々）
1格	dies**er** Freund	dies**e** Freundin	dies**es** Buch	dies**e** Leute
2格	dies**es** Freund**(e)s**	dies**er** Freundin	dies**es** Buch**(e)s**	dies**er** Leute
3格	dies**em** Freund	dies**er** Freundin	dies**em** Buch	dies**en** Leute**n**
4格	dies**en** Freund	dies**e** Freundin	dies**es** Buch	dies**e** Leute

- 不定冠詞類：不定冠詞類は、不定冠詞 ein, eine, ein と同じような語尾変化をする。

  所有冠詞：mein 私の　　　dein 君の　　　sein 彼の　　ihr 彼女の　　　sein それの
  　　　　　unser 私たちの　euer 君たちの　ihr 彼らの　Ihr あなた(方)の
  否定冠詞：kein ひとつも(一人も)〜ない

	男性(私の夫)	女性(私の妻)	中性(私の家)	複数(私の子供たち)
1格	mein　Mann	meine Frau	mein　Haus	meine　Kinder
2格	meines Mann(e)s	meiner Frau	meines Hauses	meiner Kinder
3格	meinem Mann	meiner Frau	meinem Haus	meinen Kindern
4格	meinen Mann	meine　Frau	mein　Haus	meine　Kinder

基本練習2　下線部に適切な語尾を入れなさい。

1) Welch＿＿ Buch ist interessant?　　—— Dies＿＿ Buch ist interessant.

2) Welch＿＿ Jacke kaufen Sie?　　—— Ich kaufe dies＿＿ Jacke.

3) Ist das dein＿＿ Tasche?　　—— Ja, das ist mein＿＿ Tasche.

4) Gefällt das Ihr＿＿ Kindern?　　—— Ja, das gefällt mein＿＿ Kindern.

3. 否定文

- 否定冠詞kein：名詞の前に位置し、不定冠詞 ein と同じ語尾変化をする。
  無冠詞あるいは不定冠詞付きの名詞を否定するときに用いる。

  Haben Sie Kinder?　　　　　　　　お子さんはいますか。
  — Nein, ich habe **keine** Kinder.　いいえ、子供はいません。
  Haben Sie ein Auto?　　　　　　　車はお持ちですか。
  — Nein, ich habe **kein** Auto.　　いいえ、車は持っていません。

- 否定詞nicht：動詞を否定するときを除き、原則として否定する語・句の直前に位置する。

[形容詞の前]　Das Wetter ist leider **nicht** gut.　　　天気は残念ながらよくない。

[副詞の前]　Er spricht manchmal **nicht** deutlich.　　彼はときどきはっきりと話さない。

[慣用句の前]　Sie ist heute **nicht** zu Hause.　　　　彼女は今日家にいない。

[文末]　　　Wir arbeiten heute **nicht**.　　　　　　私たちは今日働きません。〈全文否定〉

　　　　　ただし、Wir arbeiten **nicht** heute.　　　私たちは今日は働きません。〈部分否定〉

基本練習3　すべて否定文で答えなさい。

1) Hast du Zeit?　　　—— Nein, ＿＿＿＿＿＿＿＿＿＿＿＿＿＿＿＿＿＿＿ .

2) Ist das Wetter schön?　—— Nein, ＿＿＿＿＿＿＿＿＿＿＿＿＿＿＿＿＿ .

3) Gehst du ins Kino?　　—— Nein, ＿＿＿＿＿＿＿＿＿＿＿＿＿＿＿＿＿ .

▶ **Meine Familie**

Mein Vater ist Ingenieur und meine Mutter ist Hausfrau. Ich habe einen Bruder und eine Schwester. Mein Bruder macht bald eine Prüfung. Er hat deswegen momentan keine Zeit. Meine Schwester ist Kindergärtnerin. Am Wochenende ist sie immer unterwegs.

単語・熟語・構文
r Ingenieur エンジニア
e Hausfrau 主婦
und ～と、そして
e Prüfung 試験
deswegen それゆえ
momentan 今のところ
e Kindergärtnerin 幼稚園の先生
am Wochenende 週末
unterwegs sein 外出している

🔊 対話してみよう！ **Dialog 3**

A：Das ist ein Foto meiner Familie.

B：Wer ist dieser Mann?

A：Das ist mein Onkel. Er hat zwei Häuser und drei Autos.

B：Ach so! Mein Onkel hat nur einen Gebraucht-wagen. Er hat aber zwei Hunde und drei Vögel.

単語・熟語・構文
r Gebrauchtwagen 中古車
s Haus 家（複Häuser）
r Hund 犬（複Hunde）
r Vogel 鳥（複Vögel）

---

column 証明写真

　証明写真を撮る場合、ドイツに限らず欧米では、やや斜めを向いたカラー写真が一般的です。目の色、肌の色、髪の色そして鼻の形などが分かるようにするためです。たまに本人とは思えない全く別人のような写真を見ることがあります。自分をよく見せたいと願うのは、どこも同じようです。

1. 日本語訳を参考にして、( )に語を補いなさい。 →DL36

1)(   ) Frau ist die Schwester (   ) Vaters.　この女性は私の父の姉(妹)です。

2)(   ) Mann ist der Bruder (   ) Mutter.　この男性は私の母の兄(弟)です。

3) Gehört (   ) Fahrrad (   ) Kind?　この自転車は君の子供のものですか。

4) Ich habe zwei (   ) und drei (   ).　私は2人のおじと3人のおばがいます。

5)(   ) Eltern kommen aus Polen.　彼の両親はポーランドの出身です。

2. 指示に従って全文を書き換えて、それを訳しなさい。 →DL37

1) Er hat eine Jacke.　　　　＜下線部を「3枚のジャケット」に＞
　➡ ....

2) Kaufst du dieses Wörterbuch?　＜下線部を複数形に＞
　➡ ....

3) Mein Freund singt sehr gern.　＜下線部を複数形に＞
　➡ ....

4) Ich habe Geld. Du hast Zeit.　＜否定文に＞
　➡ ....

5) Sie ist der Mutter ähnlich.　　＜全文否定と部分否定に＞
　➡全文否定 ....
　➡部分否定 ....

3. ドイツ語に訳しなさい。 →DL38

1) 私はリンゴ(r Apfel)を1個買う。君はリンゴ(複 Äpfel)を5個買う。
　➡ ....

2) ターニャ(Tanja)は私の兄のガールフレンド(e Freundin)です。
　➡ ....

📖 **この課のポイント**

　ドイツ語の名詞を覚えるときは、男性・女性・中性の区別はもちろんのこと、複数形も同時に知っておかなければなりません。例えば、der Vater / die Väter, die Mutter / die Mütter, das Kind / die Kinderというふうに、常に定冠詞をつけて覚えることをお勧めします。

Mach zuerst die Hausaufgaben!

▶ 動詞の現在人称変化（2）── 不規則動詞　命令文　勧誘文

Grammatik

1．動詞の現在人称変化（2）── 不規則動詞

● 語幹の母音aがäに、eがiあるいはieに変化する動詞

	a ➡ ä fahren（乗り物で行く）	e ➡ i essen（食べる）	e ➡ ie lesen（読む）
ich	fahre	esse	lese
du	fährst	isst	liest
er/sie/es	fährt	isst	liest
wir	fahren	essen	lesen
ihr	fahrt	esst	lest
sie/Sie	fahren	essen	lesen

a ➡ ä　laufen（走る）：du läufst, er läuft／schlafen（眠っている）：du schläfst, er schläft
tragen（運ぶ）：du trägst, er trägt／waschen（洗う）：du wäschst, er wäscht

e ➡ i　geben（与える）：du gibst, er gibt／nehmen（手に取る）：du nimmst, er nimmt
sprechen（話す）：du sprichst, er spricht／treffen（会う）：du triffst, er trifft

e ➡ ie　sehen（見る）：du siehst, er sieht／empfehlen（勧める）：du empfiehlst, er empfiehlt

● その他の不規則動詞

	werden（～になる）	wissen（知っている）
ich	werde	weiß
du	wirst	weißt
er/sie/es	wird	weiß
wir	werden	wissen
ihr	werdet	wisst
sie/Sie	werden	wissen

基本練習1 日本語訳を参考にして、（　　　）に適切な動詞を入れなさい。

1）Ich（　　　　）Japanisch. Du（　　　　　）Deutsch.　私は日本語を話す。君はドイツ語を話す。

2）Ich（　　　　）Spaghetti. Er（　　　　）Steak.　私はスパゲッティを食べる。彼はステーキを食べる。

3）Ich（　　　）nach Berlin. Sie（　　　　）nach Hamburg.　私はベルリンへ行く。彼女はハンブルクへ行く。

4）Maria（　　　　）Lehrerin. Was（　　　　）du?　マリアは教師になります。君は何になりますか。

2．命令文

- **du に対して：語幹＋(e)〜！**

   <u>Komm</u> her！　　　　こちらに来なさい。

   語幹の母音 e が i/ie に変化する不規則動詞の場合、du に対する命令形では、
   その人称変化形の語尾 -st をとった形となる。(例)nehmen：du nimmst > nimm！

- **ihr に対して：語幹＋t〜！**

   <u>Kommt</u> her！　　　　こちらに来なさい。

- **Sie に対して：語幹＋en Sie〜！**

   <u>Kommen Sie</u> her！　こちらに来なさい。

   sein 動詞は唯一の例外として以下のように変化する。

- **du に対して： Sei〜！**

   <u>Sei</u> ruhig, bitte！　　　　静かにしてください。

- **ihr に対して：Seid〜！**

   <u>Seid</u> ruhig, bitte！　　　　静かにしてください。

- **Sie に対して：Seien Sie〜！**

   <u>Seien Sie</u> ruhig, bitte！　静かにしてください。

基本練習2 日本語訳を参考にして、前文に続く文(命令文)を作りなさい。

1）Du isst zu schnell.

　➡ _____　　ゆっくり(langsam)食べなさい。

2）Ihr kommt immer zu spät.

　➡ _____　　時間通りに(pünktlich)来なさい。

3）Sie machen keine Pause.

　➡ _____　　一休みしなさい。

3．勧誘文

- **語幹＋en＋wir〜！：「〜しましょう」**

   <u>Lernen wir</u> Deutsch！　　　　ドイツ語を勉強しましょう。

   <u>Gehen wir</u> doch spazieren！　　散歩に行きましょうよ。

基本練習3 例にならって、前文に続く文(勧誘文)を作りなさい。

例）Wir essen gar kein Gemüse. ➡ Essen wir doch auch mal Gemüse!

1）Wir lesen gar keine Zeitung. ➡ _____

2）Wir nehmen gar kein Taxi. ➡ _____

 読んでみよう！ **Text 4**

▶ Mangas

Mangas sind auch in Deutschland sehr beliebt.
Besonders die Jungen lesen sie gern. Manchmal
tragen sie sogar Kostüme von Mangafiguren.

単語・熟語・構文
Manga　マンガ(複Mangas)
beliebt sein　人気がある
r Junge　若者(複Jungen)
s Kostüm　衣装(複Kostüme)
e Mangafigur　マンガのキャラクター(複Mangafiguren)

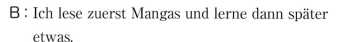 対話してみよう！ **Dialog 4**

A：Liest du schon wieder Mangas? Schluss damit!
　　Sei nicht so faul! Mach zuerst die Hausaufgaben!

B：Ich lese zuerst Mangas und lerne dann später
　　etwas.

A：Was soll das? Du bist jetzt neun Jahre alt.
　　Mit zehn machst du die Prüfung. Du hast
　　also nur noch wenig Zeit. Der Thomas lernt
　　auch den ganzen Tag!

B：Mama, heute ist doch Sonntag. Der Sonntag
　　ist ein Ruhetag. Lass mich bitte in Ruhe!

A：Nicht zu glauben!

単語・熟語・構文
Schluss damit!　やめなさい
e Hausaufgabe
宿題(複Hausaufgaben)
etwas　何か
Was soll das?　どういうことなの？
Prüfung machen　試験を受ける
nur noch wenig ...
あともう、ほとんど〜ない
der Thomas　あのトーマスが
den ganzen Tag　一日中
doch　〜じゃないの、〜でしょう
r Ruhetag　休日
in Ruhe lassen　放っておく
Nicht zu glauben!　信じられない

---

column ドイツのマンガ事情

　　ドイツの書店ではゆったりした雰囲気で本を読んでいる人たちを見かけます。立ち読みならぬ、座って読むコーナーもあります。日本のマンガの浸透率は高く、Mangaと表記されていて、装丁は日本と同じです。しかも見開きを右ページから左ページへと読んでいくのが興味深いです。カッセルでは、ドイツ最大のマンガ・アニメのイベントConnichiも毎年開催されています。

1. [　] の動詞を主語に応じて人称変化させ、（　）に入れなさい。　→ DL 42

1) Ich (　　　　　) 7 Stunden. Du (　　　　　) nur 4 Stunden.　[schlafen]
2) Ich (　　　　) schnell. Du (　　　　) nicht schnell.　[laufen]
3) Ich (　　　　) einen Roman. Du (　　　　) ein Märchen.　[lesen]
4) Ich (　　　　) den Kuchen. (　　　　) du auch den Kuchen?　[nehmen]
5) Ich (　　　　) gar nichts. Was (　　　　) du?　[sehen]

2. 指示に従って全文を書き換えて、それを訳しなさい。　→ DL 43

1) Schlaf gut!　　　　　　　　　　＜ ihr に対する命令形に＞
　➡ ....

2) Seien Sie bitte vorsichtig!　　　＜ du に対する命令形に＞
　➡ ....

3) Wir singen ein Lied.　　　　　　＜勧誘文に＞
　➡ ....

4) Sehen Sie den Gipfel des Berges?　＜主語を du に＞
　➡ ....

5) Ich gebe dem Mädchen eine Blume.　＜主語を er に＞
　➡ ....

3. ドイツ語に訳しなさい。　→ DL 44

1) 私はソーセージ(e Wurst)を一つ食べる。君はソーセージ(複 Würste)を５つ食べる。
　➡ ....

2) 今日は(heute)日曜日です。テニス(Tennis)をしましょう（よ）。
　➡ ....

📖 **この課のポイント**

　動詞は主語の人称と数に応じて必ず語尾が変化します。さらに語幹の部分も変化する動詞があります。た
だしこれは２人称単数 du と３人称単数 er/sie/es だけに限定されます。ここには一定のルールがあること
を知ってください。ここをクリアすれば次のステージに進めますので、頑張ってください。

Ich fahre in die Schweiz.

▶ 人称代名詞（２）　前置詞　並列接続詞

→ DL 45

Grammatik

１．人称代名詞（２）

● ３人称の用法：３人称は名詞の性に必ず対応する。

der Lehrer 男性教師	➡	**er** 彼	der Tisch 机	➡	**er** それ
die Schülerin 女生徒	➡	**sie** 彼女	die Tür ドア	➡	**sie** それ
das Mädchen 少女	➡	**es** 彼女	das Fenster 窓	➡	**es** それ

● 人称代名詞の格変化

	単数					複数			単数・複数
	1人称	2人称	3人称			1人称	2人称	3人称	2人称敬称
1格	ich	du	er	sie	es	wir	ihr	sie	Sie
3格	mir	dir	ihm	ihr	ihm	uns	euch	ihnen	Ihnen
4格	mich	dich	ihn	sie	es	uns	euch	sie	Sie

基本練習１ 次の ＿＿＿ の単語を人称代名詞に変えて、文を書き換えなさい。

1) Die Frau kennt den Mann. ➡ ＿＿＿＿＿＿＿＿＿＿＿＿＿＿＿＿＿＿ .

2) Der Mann kauft die Blume. ➡ ＿＿＿＿＿＿＿＿＿＿＿＿＿＿＿＿＿＿ .

3) Das Fahrrad gehört dem Kind. ➡ ＿＿＿＿＿＿＿＿＿＿＿＿＿＿＿＿＿＿ .

２．前置詞

前置詞は決まった格の名詞・代名詞と結びつく。これを**前置詞の格支配**と呼ぶ。

● ２格支配の前置詞 ⓘ 日常の口語体では３格になることもある

statt 〜の代わりに 　 **trotz** 〜にもかかわらず 　 **während** 〜の間に 　 **wegen** 〜のせいで

statt meines Vaters 　私の父の代わりに 　 **trotz** des Regens 　雨にもかかわらず

während der Ferien 　休暇の間に 　 **wegen** der Krankheit 　病気のために

● ３格支配の前置詞

aus 〜（の中）から 　 **bei** 〜のところで・〜のさいに 　 **mit** 〜と一緒に・〜を使って
nach 〜（の方）へ・〜の後で 　 **seit** 〜以来 　 **von** 〜の・〜から・〜について 　 **zu** 〜のところへ

aus dem Haus 　家の中から 　 **bei** dem Gewitter 　雷雨のさいに 　 **mit** dem Auto 　車で
nach dem Essen 　食事の後 　 **seit** drei Tagen 　３日前から 　 **zu** mir 　私のところへ

- **4格支配の前置詞**

bis ～まで　　durch ～を通って　　für ～のために　　gegen ～に(反)対して

ohne ～なしで　um ～のまわりに

bis Montag　月曜まで　　durch den Park　公園を通り抜けて　　für mich　私のために

ohne ein Wort　一言もなしに　um das Haus　家のまわりに

| 基本練習2 | 次の( )に適切な前置詞を入れなさい。 |

1)（　　　　　）der Krankheit arbeitet er viel.　　　　病気なのに彼はたくさん働く。

2) Ich komme（　　　　　）dem Bus（　　　　　）dir.　私はバスで君のところへ行く。

3) Bitte singen Sie ein Lied（　　　　）mich!　　　私のために歌をひとつ歌ってください。

- **3・4格支配の前置詞**

an ～のきわ　　auf ～の上　　hinter ～の後ろ　　in ～の中　　neben ～の横　　über ～の上方

unter ～の下　　vor ～の前　　zwischen ～の間

[場所・静止・状態を表すとき：3格支配]

Die Tasche liegt auf dem Tisch.　そのカバンは机の上にある。

[運動・移動・方向を表すとき：4格支配]

Ich lege die Tasche auf den Tisch.　私はそのカバンを机の上に置く。

| 基本練習3 | 次の( )に適切な定冠詞を入れなさい。 |

1) Hinter（　　　　）Haus steht ein Baum.　　　その家の後ろに木が1本立っている。

2) Ich hänge ein Bild an（　　　　　）Wand.　　私は1枚の絵をその壁にかける。

3) Wir warten vor（　　　　）Post auf dich.　　私たちは郵便局の前で君を待っています。

- **前置詞と定冠詞の融合形**：融合形では定冠詞の指示的意味「その」がなくなる。

am < an dem　ans < an das　aufs < auf das　beim < bei dem　im < in dem

ins < in das　vom < von dem　zum < zu dem　zur < zu der

Ich gehe zu dem Bahnhof.　私はその駅へ行く。

Ich gehe zum Bahnhof.　私は駅へ行く。

3．並列接続詞

「語と語」、「句と句」、「文と文」を対等な関係で結びつける接続詞を**並列接続詞**という。並列接続詞は文の語順に影響を与えない。

und そして　　aber しかし　　oder それとも　　denn というのは　　sondern そうではなく

Er kommt heute nicht, denn er ist krank.　彼は今日来ない。というのは病気だからだ。

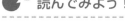
▶ Die Schweiz

Die Schweiz ist reich an Natur und voller Berge und Seen. Das Matterhorn und die Jungfrau liegen in diesem Land. Die Schweiz ist sehr beliebt bei Touristen aus der ganzen Welt.

単語・熟語・構文
reich an ... sein
～に恵まれている
voller ... sein　～でいっぱいだ
s Matterhorn
マッターホルン(標高4478m)
e Jungdfrau
ユングフラウ(標高4158m)
beliebt sein　人気がある
aus der ganzen Welt　世界中の

 対話してみよう！ **Dialog 5**

→

A : Fährst du während der Sommerferien nach Italien?

B : Nein. Ich fahre in die Schweiz, denn meine Freundin wohnt in Zürich.

A : Schön! Auf Berge steigen, in Seen fischen ... das macht sicher Spaß!

B : Ja, natürlich! Und wohin fährst du im Sommer?

A : Ich bleibe hier, denn ich schreibe in der Bibliothek meine Abschlussarbeit.

B : Ich wünsche dir dabei viel Erfolg!

A : Danke schön! Ich wünsche dir viel Spaß in der Schweiz!

単語・熟語・構文
Zürich　チューリッヒ(スイス最
大の都市。スイスの首都はBern)
auf Berge steigen
山登りをする
in Seen fischen
湖で魚釣りをする
Spaß machen　楽しい
e Abschlussarbeit　卒業論文
r Erfolg　成功、成果

---

column　スイス料理

　スイスは九州ほどの国土面積ながら、料理は実にバラエティーに富んでいます。チーズとフォンデュはアルプス料理の代表格だが、例えば細切りのジャガイモを炒めて香ばしく焼いた「レスティ Rösti」や、肉やソーセージを盛り合わせた「ベルナープラッテ Berner Platte」は素朴なドイツ風料理です。美しい湖からとれる白身魚「エグリ Egli」(スズキの仲間)のフライは日本人の口にもよく合います。スイス料理には大自然と溶け合った多文化の彩りが散りばめられています。

Übungen 5

1．[　]の中から最も適切なものを選んで、（　）に入れなさい。 → DL 48

1）Fährst du mit（　　　　）Bus oder mit（　　　　）U-Bahn?

　　[der, die, das, des, dem, den]

2）Ich gehe zu Fuß,（　　　　）ich habe noch viel Zeit.

　　[oder, denn, sondern]

3）Sie liebt nicht ihn,（　　　　）（　　　　）.

　　[und, aber, sondern, du, dir, dich]

4）Du hilfst（　　　　）oft,（　　　　）er hilft（　　　　）nie.

　　[dir, dich, ihm, ihn, denn, oder, aber]

5）Wo ist die Zeitung? ——（　　　　）ist auf（　　　　）Tisch.

　　[Er, Sie, Es, der, das, des, dem, den]

2．指示に従って全文を書き換えて、それを訳しなさい。 → DL 49

1）Trotz des Gewitters macht er einen Spaziergang.　　< trotz を nach に>

　➡ ....

2）Meine Freundin fährt gern mit mir in Urlaub.　　< mit を ohne に>

　➡ ....

3）Wo bist du? —— Ich bin gerade an der Bushaltestelle.　< Bushaltestelle を Strand に>

　➡ ....

4）Die Kinder spielen auf dem Spielplatz.　　< Spielplatz を Straße に>

　➡ ....

5）Eine Maus sitzt vor dem Loch. Die Katze läuft vor das Loch.　< Loch を Tür に>

　➡ ....

3．ドイツ語に訳しなさい。 → DL 50

1）夏に(im Sommer)私は船(s Schiff)で(mit ...)アフリカへ(nach Afrika)行きます(fahren)。

　➡ ....

2）このスカート(r Rock)は私のもの(人3格＋gehören)ではなく(nicht ..., sondern)、彼女のものです。

　➡ ....

📖 **この課のポイント**

　「～へ(行く)」といっても、東京、大阪などの地名や左右・南北などの方向・方角の場合はnach ～となり、医者、学校、駅などの到達地点をいう場合はzu ～となり、中へ入って行く場合はin ～となります。どの前置詞を使うかで微妙な意味の違いが生じます。また2格支配の前置詞では格支配に揺れが生じています。

31

Lektion 6 Man darf kein Fleisch essen.

▶ 話法の助動詞　未来の助動詞　zu不定詞

Grammatik
→ DL 51

1．話法の助動詞

● 不定詞とともに用いられ、話者の主観や心情などを表す。

	können	müssen	dürfen	mögen	wollen	sollen	möchte
	～できる	～ねばならない ～に違いない	～してもよい	～かもしれない	～するつもりだ ～したい	～すべきだ ～という話だ	～したい（丁寧）
ich	kann	muss	darf	mag	will	soll	möchte
du	kannst	musst	darfst	magst	willst	sollst	möchtest
er/sie/es	kann	muss	darf	mag	will	soll	möchte
wir	können	müssen	dürfen	mögen	wollen	sollen	möchten
ihr	könnt	müsst	dürft	mögt	wollt	sollt	möchtet
sie/Sie	können	müssen	dürfen	mögen	wollen	sollen	möchten

● möchteは本来mögenの接続法第Ⅱ式の形だが、今日では話法の助動詞に準じて用いられている。
● 話法の助動詞は人称変化する。文末に位置する不定詞とで**枠構造**を形成する。

Sie kann sehr gut Klavier *spielen*.　彼女はとても上手にピアノを弾ける。

話法の助動詞　　　　　　　　不定詞
枠構造

Du darfst hier nicht *rauchen*.	君はここで煙草を吸ってはいけない。（不許可・禁止）
Du musst morgen nicht *arbeiten*.	君は明日働く必要はない。（必要・義務）
Ich will heute nicht *arbeiten*.	私は今日働きたくない。（意思・願望）
Das mag schon *sein*.	まあそうかもしれない。（推量）
Ich soll Arzt *werden*.	私は医者になれと言われている。（他者の意志）

基本練習1 次の文を訳しなさい。

1）Kann ich Ihnen helfen?
2）Darf ich das Fenster öffnen?
3）Ich will im August nach Italien fahren.

32

2．未来の助動詞

● 未来の助動詞werdenは人称変化する。文末に位置する不定詞とで**枠構造**を形成する。

● ドイツ語の未来形は時制を表示するというより、話法の助動詞的な意味を強く持つ。

［推量］	Er **wird** wohl jetzt zu Hause *sein*.	彼はおそらく今家にいるだろう。
→ 主に主語が３人称のとき	Sie **wird** ihn sicher *heiraten*.	彼女はきっと彼と結婚するだろう。
［意思表明］	Davon **werde** ich niemandem etwas *sagen*.	
→ 主に主語が１人称のとき	そのことについて私は誰にもしゃべりません。	
［強い要求］	Du **wirst** das Problem ganz allein *lösen*.	
→ 主に主語が２人称のとき	お前は一人でその問題を解決するのだ。	

● 確実性の高い未来の出来事は通常、現在形で表す。その際、時の副詞（句）を伴うことが多い。

Ich fahre *am Sonntag* nach Berlin.　私は日曜日にベルリンに行く。

基本練習2 次の文を訳しなさい。

1）Thomas ist nicht da. Er wird wohl krank sein.

2）Ich werde Sie morgen um sechs Uhr wecken.

3）Du wirst jetzt sofort dein Moped sauber machen!

3．zu不定詞（zu＋不定詞）

● 名詞的用法「～すること（は／を）」（主語や目的語として）

Die deutsche Grammatik **zu erlernen** ist nicht leicht.

　　ドイツ語文法を習得することは容易ではない。

● 形容詞的用法「～するための...／～するという...」（前の名詞を修飾する）

Ich habe keine Zeit, mit dir ins Kino **zu gehen**.　私は君と映画を見に行く時間がありません。

● 副詞的用法（成句的に）

［um ... zu 不定詞］	**Um** das Examen **zu bestehen**, musst du fleißig lernen.
「～するために」	その試験に合格するために、君はまじめに勉強しなければならない。
［statt ... zu不定詞］	Wir spielen Fußball, **statt** in der Bibliothek **zu arbeiten**.
「～する代わりに」	私たちは図書館で勉強する代わりに、サッカーをする。
［ohne ... zu不定詞］	Man kann die Oper sehen, **ohne** eine Eintrittskarte **zu kaufen**.
「～しないで」	そのオペラは、入場券を買わなくても見ることができる。

基本練習3 次の文を訳しなさい。

1）Es ist sehr wichtig, zwei Fremdsprachen zu lernen.

2）Haben Sie Lust, mit mir ins Theater zu gehen?

3）Willst du ihn verlassen, ohne ein Wort zu sagen?

読んでみよう！ Text 6 → DL 52

▶ Der Karneval

Karneval, von Lateinisch „Carne vale!", heißt wörtlich „Fleisch ade!" Vor dem Osterfest darf man sechs Wochen lang kein Fleisch essen. Diese Fastenzeit beginnt am Aschermittwoch. Der Karneval (bzw. die Fastnacht) ist für die Bewohner der Städte am Rhein sehr wichtig.

単語・熟語・構文
r Karneval　カーニバル
Carne vale　「カルネ・ヴァレ」
肉よさよなら、の意
s Osterfest　復活祭
e Fastenzeit　四旬節(断食の期間)
r Aschermittwoch　灰の水曜日
bzw.(= beziehungsweise)
あるいは

対話してみよう！ Dialog 6

A：Du trägst heute eine Krawatte.

B：Gefällt sie dir nicht?

A：Doch, schon! Ich möchte nur sagen, am Donnerstag vor Rosenmontag müssen die Männer vorsichtig sein. Und heute ist dieser Tag.

B：Wovon redest du?

A：Zur Weiberfastnacht dürfen die Frauen den Männern ihre Krawatten beliebig zerschneiden.

B：Was?

→ DL 53

単語・熟語・構文
e Krawatte　ネクタイ
doch　(否定の問いに対し、それ
を打ち消して)いいえ
r Rosenmontag　バラの月曜
日(カーニバル最高潮の日)
vorsichtig　注意・用心深い
e Weiberfastnacht
「ヴァイバーファストナハト」女
性が無礼講の日
beliebig　好きなだけ
zerschneiden　切り刻む

---

column 春を待つイベント

　ドイツ北部のラインラント地方では、11月11日の11時11分から2月半ばの「灰の水曜日」まで、春を待つカーニバルのイベントが続きます。2月初めの「ヴァイバーファストナハト」は、男性には要注意の日です。その日から6日間、町中は仮装した人々で大にぎわいです。

34

1．指示された話法の助動詞を主語に応じて現在人称変化させ、（　　）に入れなさい。 → DL 54

1）（　　　　　）du diese Arbeit allein machen?　　　　　[können]

2）Wir（　　　　）eine Woche im Hotel bleiben.　　　　[müssen]

3）（　　　）ich Sie kurz stören?　　　　　　　　　　[dürfen]

4）Er（　　　　）hier eine Hütte bauen.　　　　　　　[wollen]

5）Ich（　　　　　）das Examen mit Bestnote bestehen.　[sollen]

2．指示に従って全文を書き換えて、それを訳しなさい。 → DL 55

1）Ich verbringe dieses Wochenende zu Hause.　　　　＜möchteを用いて＞

　➡ ....

2）Vor der Operation sind die Patienten nervös.　　　　＜未来形に＞

　➡ ....

3）Ich versuche, alle Papiere in Ordnung zu bringen.　＜未来形に＞

　➡ ....

4）Beim Kochen musst du mir helfen.　　　　　　　　＜否定文に＞

　➡ ....

5）Bei der Prüfung darf man ein Wörterbuch benutzen.　＜否定文に＞

　➡ ....

3．ドイツ語に訳しなさい。 → DL 56

1）環境（e Umwelt）を守る（schützen）ことは、とても大切だ（wichtig）。

　➡ ....

2）あなたは私と（mit...）展覧会（e Ausstellung）に行く（in ...gehen）気（Lust）がありますか。

　➡ ....

> 📖 **この課のポイント**
>
> 　werdenは未来の助動詞ですが、ドイツ語の未来形の用法は未来を表すというより、未来に起こりうる出来事を話者がどう捉えているかという、話法の意味合いが強く出ます。未来の助動詞werdenが話法の助動詞のひとつとして捉えられるのはそのためです。

Der letzte Ritter kommt!

▶形容詞の格変化　形容詞の名詞化　序数詞

Grammatik　　　　　　　　　　　　　　　　　　　　　　　　→ DL 57

1．形容詞の用法

形容詞には次の3つの用法がある。

[述語的用法]	Die Stadt ist schön.	その町は美しい。
[副詞的用法]	Die Sängerin singt schön.	その女性歌手は美しく歌う。
[付加語的用法]	Salzburg ist eine schöne Stadt.	ザルツブルクは美しい町です。

⏺ 語尾を付ける！

2．形容詞の格変化

形容詞が付加語として用いられるとき、名詞の性・数・格に応じた語尾が付く。

• 形容詞＋名詞：強変化

形容詞に定冠詞類とほぼ同じ語尾が付く。（ただし、男性2格と中性2格は-esでなく-en）

	男性	女性	中性	複数
1格	neuer Wein	frische Milch	gutes Bier	warme Suppen
2格	neuen Wein(e)s	frischer Milch	guten Biers	warmer Suppen
3格	neuem Wein	frischer Milch	gutem Bier	warmen Suppen
4格	neuen Wein	frische Milch	gutes Bier	warme Suppen

„Guten Morgen", „Guten Tag", „Guten Abend" und „Gute Nacht" sind alltägliche Grüße.

「おはよう」、「こんにちは」、「こんばんは」、「おやすみ」は毎日のあいさつである。

• 定冠詞（類）＋形容詞＋名詞：弱変化

形容詞に-eまたは-enの語尾が付く。

	男性	女性	中性	複数
1格	der alte Mann	die junge Frau	das kleine Kind	die netten Leute
2格	des alten Mann(e)s	der jungen Frau	des kleinen Kind(e)s	der netten Leute
3格	dem alten Mann	der jungen Frau	dem kleinen Kind	den netten Leuten
4格	den alten Mann	die junge Frau	das kleine Kind	die netten Leute

Der alte Herr geht mit dem neuen Regenschirm in das kleine Café.

その老紳士はその新しい雨傘を持ってその小さなカフェへ行く。

● 不定冠詞(類)＋形容詞＋名詞：混合変化

	男性	女性	中性	複数
1格	ein großer Stein	eine kleine Burg	ein tiefes Meer	meine alten Freunde
2格	eines großen Stein(e)s	einer kleinen Burg	eines tiefen Meer(e)s	meiner alten Freunde
3格	einem großen Stein	einer kleinen Burg	einem tiefen Meer	meinen alten Freunden
4格	einen großen Stein	eine kleine Burg	ein tiefes Meer	meine alten Freunde

基本練習 下線部に適切な語尾を付けなさい。

1) Daniel ist ein nett____ und gut____ Mann.

2) Mein Vater hat einen dick____ Bauch.

3) Die klein____ Frau mit den lang____ Haaren ist unsere Lehrerin.

3. 形容詞の名詞化

形容詞は、語尾を付けたまま頭文字を大文字で書くことで、名詞として使われる。

男性形・女性形・複数形は「人」を表し、中性形は「物・事」を表す。

男性	女性	複数	中性
der Kranke その病人(男性)	die Kranke その病人(女性)	die Kranken その病人たち	das Neue その新しい物・事
ein Kranker 1人の病人(男)	eine Kranke 1人の病人(女性)	Kranke 病人たち	[etwas] Neues [何か] 新しい物・事

Ein Deutscher trinkt mit **einer Fremden** gemütlich grünen Tee.

一人のドイツ人男性が一人の外国人女性とゆったりと緑茶を飲んでいる。

4. 序数詞

序数詞は、1.～19.は原則として基数に-tを、20.からは-stの語尾を付ける。序数詞は形容詞と同じ働きをするので、名詞の付加語として用いられるときは、形容詞と同じ格変化語尾を付ける。

1. erst	7. siebt	13. dreizehnt	19. neunzehnt
2. zweit	8. acht	14. vierzehnt	20. zwanzigst
3. dritt	9. neunt	15. fünfzehnt	21. einundzwanzigst
4. viert	10. zehnt	16. sechzehnt	22. zweiundzwanzigst
5. fünft	11. elft	17. siebzehnt	31. einunddreißigst
6. sechst	12. zwölft	18. achtzehnt	100. hundertst

der **1.** (**Erste**) Weltkrieg　第一次世界大戦　　die **9.** (**Neunte**) Sinfonie　第九交響曲

das **21.** (**einundzwanzigste**) Jahrhundert　21世紀

読んでみよう！ **Text 7** → DL **58**

▶ **Das Ritterturnier**

Das Ritterturnier in Kaltenberg ist als großes Mittelalter-Sommerfest bekannt. Tapfere Ritter mit schweren Helmen und Panzern machen auf ihren Pferden direkt vor den Zuschauern Zweikämpfe. Der Kampf um den Sieg im Turnier symbolisiert den Konflikt zwischen Gut und Böse. Der Zuschauer kann so die fantastische Welt des Mittelalters erleben.

単語・熟語・構文
s Ritterturnier　騎士の馬上試合
s Sommerfest　夏祭り
tapfer　勇敢な
r Helm　兜（複 Helme）
r Panzer　鎧（複 Panzer）
r Zweikampf
一騎打ち（複 Zweikämpfe）
Gut und Böse　善と悪

対話してみよう！ **Dialog 7**

→ DL **59**

A：Schau mal! Der letzte Ritter kommt! Er trägt einen kleinen Schild und eine lange Lanze. Super!

B：Er ist unser Held und muss das Böse besiegen.

A：Da kommt sein Gegner. Er ist groß und sehr kräftig. Hoffentlich gewinnt unser Held den Kampf!

B：Das Aussehen einer Person besagt wenig über ihre wahre Stärke.

< Das Duell beginnt. Der Gegner verliert. >

A：Wunderbar! Du hattest recht!

B：Na, siehst du? Ein Held besiegt seine Feinde immer.

単語・熟語・構文
r Schild　盾
e Lanze　槍
besiegen　打ち負かす
s Aussehen　外見、見かけ
besagen　意味する
wenig　ほとんど～ない
s Duell　決闘、果し合い
verlieren　負ける
hatte　haben の過去形
recht haben　正しい

---

column ドイツ語圏の夏祭り

　ドイツ語圏の夏祭りは、どこへ行っても盛大です。ライン河畔のボン、リューデスハイム、コブレンツで開かれる「ラインの火祭り」では、花火のアートが夜空を彩ります。スイス・アルプスのメンリッヘンの山頂では、雄大な景色のもと何十本ものアルペンホルンによる「咆哮」に誰もが圧倒されます。オーストリアのブレゲンツ音楽祭では、ボーデン湖上の豪華な舞台でオペラが上演され、観客と舞台が一体となって臨場感に包み込まれます。

1. 下線部に適切な語尾を付けなさい。 → DL 60

1) Ich suche eine gelb＿ Bluse. —— Die gelb＿ Blusen hängen am Fenster.

2) Essen Sie gern frisch＿ Gemüse? —— Ja, ich esse jeden Morgen grün＿ Salat.

3) Ich finde die weiß＿ Sportsocken nicht.

   —— Deine weiß＿ Sportsocken sind in der Waschmaschine.

4) Wo ist die neu＿ Hose? —— Deine neu＿ Hose liegt auf dem Bett.

5) Steht etwas Interessant＿ in der Zeitung?

   —— Nein, in der Zeitung steht nichts Besonder＿ .

2. 指示に従って全文書き換えて、それを訳しなさい。 → DL 61

1) Ich möchte das weiße T-Shirt nehmen. ＜ T-ShirtをHutに＞

  → ....

2) Mein alter Vater wohnt am Rhein. ＜ VaterをMutterに＞

  → ....

3) Meine Wohnung hat ein kleines Wohnzimmer. ＜ WohnzimmerをKücheに＞

  → ....

4) Er hängt das deutsche Bild an die Wand. ＜ BildをFahneに＞

  → ....

5) Wir machen nach der letzten Prüfung eine Party. ＜ PrüfungをExamenに＞

  → ....

3. ドイツ語に訳しなさい。 → DL 62

1) 彼女は今イタリア語(Italienisch)を第3(dritt)外国語(e Fremdsprache：無冠詞)として(als)学んでいる。

  → ....

2) ヴィーナーシュニッツェル(Wiener Schnitzel)はウィーンの(aus Wien)有名な(bekannt)名物料理(e Spezialität)です。

  → ....

📖 **この課のポイント**

　日本語で「～の～は」とか「～に～を」という場合の格助詞がなければ、意味不明の文となります。語と語の意味的な関係や文における文法的な役割(主語・目的語)をはたすのが、ドイツ語では特に冠詞と形容詞の格変化です。形容詞は冠詞に準じた変化をします。非常に精緻化した文法システムですので、覚えるというより理解することから始めてください。

Die größte Volkswirtschaft in der EU

▶ 形容詞・副詞の比較変化　比較表現　es の用法

Grammatik　　　　　　　　　　　　　　　　　　　　　　　　→ DL 63

1. 形容詞・副詞の比較変化

▶ 規則変化

原級		比較級	最上級
billig	安い、安く	billiger	billigst- / am billigsten
klein	小さい、小さく	kleiner	kleinst- / am kleinsten
schnell	速い、速く	schneller	schnellst- / am schnellsten
schön	美しい、美しく	schöner	schönst- / am schönsten
häufig	たびたび(の)	häufiger	häufigst- / am häufigsten
dunkel	暗い、暗く	dunkler	dunkelst- / am dunkelsten
alt	古い、年とった	älter	ältest- / am ältesten
lang	長い、長く	länger	längst- / am längsten
jung	若い、若く	jünger	jüngst- / am jüngsten
kurz	短い、短く	kürzer	kürzest- / am kürzesten

▶ 不規則変化

原級		比較級	最上級
gut	よい、よく	besser	best- / am besten
viel	多くの、大いに	mehr	meist- / am meisten
nah	近い、近く	näher	nächst- / am nächsten
hoch	高い、高く	höher	höchst- / am höchsten

▶ 注意すべき変化（副詞）

原級		比較級	最上級
gern	好んで	lieber	am liebsten

2. 比較表現

● so + 原級 + wie...：「...と同じくらい〜だ」

　　Du bist so alt wie ich.　　　君は私と同じ年齢だ。（形容詞）

　　Er läuft so schnell wie du.　　彼は君と同じくらい速く走る。（副詞）

- 比較級 + als ... :「...よりも〜だ」

    Er ist **größer als** wir.   彼は私たちより大きい。(形容詞)

    Sie schwimmt **schneller als** er.   彼女は彼よりも速く泳ぐ。(副詞)

- am -sten:「一番(最も)〜」

    Du bist **am fleißigsten**.   君は一番真面目だ。(形容詞)

    Er läuft **am schnellsten** von uns.   彼は私たちの中で一番速く走る。(副詞)

- 定冠詞 + -ste + (名詞):「一番(最も)〜な ...」

    Das ist **die beste** Lösung.   これが最善の解決策だ。

    Er ist **der schnellste** Läufer auf der Welt.   彼は世界最速の走者だ。

基本練習1 次の形容詞(原級)の意味を調べ、比較級・最上級を書き入れなさい。

1) hell   (意味:) 比較級 _____   最上級 _____

2) schwer (意味:) 比較級 _____   最上級 _____

3) warm   (意味:) 比較級 _____   最上級 _____

---

3. esの用法

- 人称代名詞のes:中性名詞(単数)を受ける。

    Ich habe **ein gutes Wörterbuch**.   私は良い辞書を一冊持っています。

    Ich gebe es dir.   それを君にあげます。

- 非人称主語のes

[自然現象]

    Es regnet.   雨が降る。   Es ist kalt.   寒い。

[時刻・時間]

    Es ist vier Uhr.   4時だ。   Es ist schon dunkel.   もう暗い。

[知覚・感知]

    Es klopft.   ノックの音がする。

[熟語的表現]

    Es geht mir gut.   私は元気です。

    Es fehlt ihm an Mut.   彼には勇気が欠けている。

    Es gibt noch viele Unklarheiten.   不明な点がまだたくさんあります。

基本練習2 下線部の es に関して、「それ」と訳せないものがあります。それはどれか調べなさい。

1) <u>Es</u> ist schon siebzehn Uhr. Machen wir Feierabend!

2) Mein Fahrrad ist kaputt. Kannst du <u>es</u> reparieren?

3) <u>Es</u> geht mir schlecht. Darf ich schon nach Hause gehen?

▶ Die deutsche Volkswirtschaft

In der Europäischen Union ist die Volkswirtschaft von Deutschland am größten. Deutschland gehört zu den EU-Ländern mit der niedrigsten Arbeitslosigkeit. Auch die wichtigste wirtschaftliche Institution Europas, die Europäische Zentralbank, hat ihren Sitz in Frankfurt am Main.

単語・熟語・構文
Europäische Union
欧州連合(EU)
e Volkswirtschaft　国民経済
e Arbeitslosigkeit　失業率
Europäische Zentralbank
欧州中央銀行
r Sitz　本店

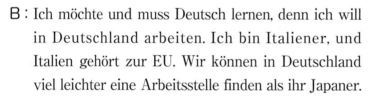

対話してみよう！ Dialog 8

A : Du kannst schon gut Englisch und Französich. Jetzt willst du auch noch Deutsch lernen. Warum denn?

B : Ich möchte und muss Deutsch lernen, denn ich will in Deutschland arbeiten. Ich bin Italiener, und Italien gehört zur EU. Wir können in Deutschland viel leichter eine Arbeitsstelle finden als ihr Japaner.

A : Das ist gut. Aber gefällt es dir in Deutschland?

B : Ja, sehr! Auch die Löhne sind dort viel höher als bei uns. Und die Sozialversicherungen in Deutschland sind auch besser als in Italien.

単語・熟語・構文
zu ... gehören
～に属している
Arbeitsstelle
職、勤め口
r Lohn　賃金(複Löhne)
e Sozialversicherung
社会保険

---

column EUの市民

　ドイツの経済力はEU内でも最大であり、EUの経済発展を牽引する大きな役割を果たしています。EUでは自由な経済活動が保証されているだけでなく、言語や文化の多様性、人間の尊厳、自由と平等などの尊重が「EU憲法」にうたわれています。加盟国の市民は、同時にEUの市民となります。

1．(　　)に適切な語を入れなさい。　→ DL 66

　1) Du sprichst so gut Deutsch（　　　）er.

　2) Der Film gefällt mir nicht so gut（　　　）das Buch.

　3) Ich kann gut schwimmen. Du aber kannst noch besser schwimmen（　　　）ich.

　4) Er ist 20 Jahre alt. Sie ist 18. Also ist er zwei Jahre（　　　）als sie.

　5) Er ist 1,90 m groß. Du bist 1,80 m groß. Ich bin 1,70 m groß.

　　Also ist er am（　　　）von uns.

2．次の文を訳しなさい。　→ DL 67

　1) Ich bin nicht mehr so jung wie du.

　　── Na, na! Dafür bist du viel aktiver als ich.

　　訳：..

　2) Die Freizeit ist ebenso wichtig wie die Arbeit.

　　訳：..

　3) Mein Vater hat viel Geld. Aber meine Mutter hat noch mehr Geld als mein Vater.

　　訳：..

　4) Anna ist die schönste Frau der Welt!

　　── Das stimmt nicht. Sie ist eine der schönsten Frauen der Welt.

　　訳：..

　5) Wer ist der Größte in deiner Familie?

　　── Meine Mutter ist sicher die Größte und Stärkste in der Familie.

　　訳：..

3．ドイツ語に訳しなさい。　→ DL 68

　1) 東京の(in Tokio / Tokyo)家賃(複 Mieten)はここ(hier)よりずっと(viel)高い(hochの比較級)。

　　➡ ....

　2) ナイル川(der Nil)は世界で一番長い(langの最上級)川(r Fluss)だ。

　　➡ ....

📖 **この課のポイント**

　ドイツ語の形容詞はそのままの形で副詞にもなり得るので、区別がつきにくいと思われますが、形容詞は名詞を修飾して語尾が変化するのに対し、主に動詞を修飾するのが副詞です。共に比較級と最上級を形成するときは、基本的に原級に -er と -st を付けるだけですみます。

Lektion 9 — Es fand 1810 zum ersten Mal statt.

▶ 分離動詞と非分離動詞　動詞の３基本形　過去形

Grammatik → DL 69

1．分離動詞と非分離動詞

● **分離動詞**

　動詞の前綴りと基礎動詞の部分が分離することがある。このような動詞を**分離動詞**と呼ぶ。前綴りには常にアクセントが置かれる。

abfahren（出発する）、ankommen（到着する）、aufstehen（起きる）、einladen（招待する）、
mitnehmen（持って行く）、teilnehmen（参加する）、zumachen（閉める）　など。

　Er **steht** jeden Morgen um sechs Uhr **auf**.　　彼は毎朝６時に起きる。

　Der Zug **fährt** um 8.35 Uhr in Hamburg **ab**.　　列車は8時35分にハンブルクを出発する。

● **非分離動詞**

　前綴りと基礎動詞の部分が決して離れない動詞を**非分離動詞**と呼ぶ。前綴りにはアクセントがない。

非分離の前綴り：be-, ent-, er-, ge-, ver-, zer-

　Die Mutter **erzählt** den Kindern ein deutsches Märchen.

　　母親が子供たちにドイツのメルヘンを話して聞かせる。

基本練習1 （　　　　）に適切な動詞あるいは前綴りを入れなさい。

1）Wann（　　　　）der Zug in München（　　　　）?　[ankommen]

2）Ich（　　　　）immer den Regenschirm（　　　　）.　[mitnehmen]

3）（　　　　）Sie bitte das Fenster（　　　　）!　　　　[zumachen]

2．動詞の３基本形

● 不定詞・過去基本形・過去分詞の３つの形を**動詞の３基本形**という。

　不定詞と過去基本形は、それぞれ現在形と過去形の人称変化の基本となる形である。

▶ **規則動詞**

不定詞	過去基本形	過去分詞
語幹＋en/n	語幹＋[e]te	ge＋語幹＋[e]t
wohnen	wohnte	gewohnt
spielen	spielte	gespielt
arbeiten	arbeitete	gearbeitet

44

▶ 不規則動詞

不定詞	過去基本形	過去分詞
gehen	ging	gegangen
fahren	fuhr	gefahren
sein	war	gewesen
haben	hatte	gehabt
werden	wurde	geworden

▶ 注意すべき動詞と助動詞

不定詞	過去基本形	過去分詞
kopieren	kopierte	kopiert
ankommen	kam … an	angekommen
verstehen	verstand	verstanden
können	konnte	gekonnt / können

＊ -ierenで終わる動詞の過去分詞には、ge- が付かない。

＊非分離動詞の過去分詞にはge- が付かない。

＊話法の助動詞の過去分詞は不定詞と同形。

基本練習2 次の動詞（不定詞）の過去基本形と過去分詞を書きなさい。

1) lernen 学ぶ　　　（　　　　）（　　　　　） 2) schlafen 眠る　　（　　　　）（　　　　　）

3) ausgehen 外出する（　　　　）（　　　　　） 4) bekommen もらう（　　　　）（　　　　　）

3. 過去形

● 過去人称変化

不定詞	wohnen	fahren	sein	ankommen	können
過去基本形	wohnte	fuhr	war	kam … an	konnte
ich	wohnte	fuhr	war	kam … an	konnte
du	wohntest	fuhrst	warst	kamst … an	konntest
er/sie/es	wohnte	fuhr	war	kam … an	konnte
wir	wohnten	fuhren	waren	kamen … an	konnten
ihr	wohntet	fuhrt	wart	kamt … an	konntet
sie/Sie	wohnten	fuhren	waren	kamen … an	konnten

　　ドイツ語では、過去の事柄は現在完了形で表すのが一般的である。過去形は、過去の出来事を現在と切り離して、客観的に捉える表現となる。従って、書き言葉的で、物語調・報告調の文体に多く用いられる。ただしsein と habenは、日常の話し言葉でも過去形が用いられる。

　　Es **war** einmal ein König. (**物語調**)

　　　　昔々あるところに一人の王様がいました。

　　Der Bundeskanzler **hielt** im Bundestag eine Rede. (**報告調**)

　　　　連邦首相が連邦議会で演説をした。

🗣 読んでみよう！ `Text 9` → **DL 70**

▶ Ein Land des Bieres

Deutschland ist ein Land des Bieres. Es gibt im Land insgesamt 5000 bis 6000 Biersorten. Das Oktoberfest in München ist das größte Bierfest der Welt. Es fand im Jahr 1810 zum ersten Mal statt. Bewundernswert ist das absolute Reinheitsgebot aus dem Jahr 1516. Es ist heute noch gültig!

単語・熟語・構文
s Oktoberfest
オクトーバーフェスト(ビールの祭典)
fand ... statt < stattfinden
(開催される)の過去形
bewundernswert
感嘆すべき
s Reinheitsgebot
ビール純粋令
gültig sein 拘束力がある

🗣 対話してみよう！ `Dialog 9`

→ **DL 71**

A : Heute ist es sehr heiß. Ich habe großen Durst.

B : Ich auch! Da drüben ist ein Bierkeller.

A : Wollen wir nicht eins trinken gehen? Ich lade dich ein.

B : Danke! Aber du bist erst 19 Jahre alt. Du darfst noch keinen Alkohol trinken.

A : Doch! Jetzt bin ich ja in Deutschland. Hier darf man schon ab 16 Bier trinken.

B : Ich empfehle dir aber ein alkoholfreies Getränk.

A : Schade! An einem heißen Tag wie heute schmeckt das Weizenbier sicher am besten!

単語・熟語・構文
da drüben あの向こうに
r Bierkeller 地下ビアホール
Wollen wir nicht ...?
～しませんか
eins 1杯
trinken gehen
飲みに行く
lade ... ein < einladen
招待する、おごる
empfehlen 勧める

`column` **ドイツのビール**

　「ビール純粋令」は、食品に関する世界最古の法令です。ビール醸造に用いる原料に、麦芽とホップと水以外、如何なる材料も用いてはならないと定められています。近年ドイツではビールの消費量が減少傾向にあると言われます。それにしても暑い夏には、特にヴァイツェンビールなどの軽くて香ばしいビールは人気があります。

1. （　　）に適切な動詞（現在形）あるいは前綴りを入れなさい。 　→ DL 72

1）Wir （　　　　　） euch zu unserer Hochzeit （　　　　　）. 　　[einladen]

2）Ich （　　　　） dich am Flughafen （　　　　）. 　　[abholen]

3）Er （　　　） jeden Tag um 6 Uhr （　　　　）. 　　[aufstehen]

4）Wir （　　　　） an der Studienreise （　　　　）. 　　[teilnehmen]

5）Wegen meiner Krankheit （　　　　） ich meine Reisepläne （　　　　）.

　　　　　　　　　　　　　　　　　　　　　　　[aufgeben]

2．次の文を過去形に書き換えて、それを訳しなさい。 　→ DL 73

1）Warum bist du nicht auf der Party?

　➡ ....

2）Am Sonntag haben wir leider keine Zeit.

　➡ ....

3）Im Sommer können wir unsere Eltern besuchen.

　➡ ....

4）Die Opposition kritisiert die Maßnahmen der Regierung heftig.

　➡ ....

5）Eine furchtbare Hexe wohnt im dunklen Wald.

　➡ ....

3．ドイツ語に訳しなさい。 　→ DL 74

1）テレビ（r Fernseher）をつけて（anmachen）ください。　＜Sie に対する命令＞

　➡ ....

2）あなたはいつ（wann）旅行（e Reise）から（von ...）戻る（zurückkommen）のですか。

　➡ ....

📖 **この課のポイント**

　ドイツ語の未来形が単なる未来時制の表示にとどまらないのと同様、過去形も過去という時制にとどまらず、ある特定の文体を表す特徴として捉えなければなりません。時間の流れは過去・現在・未来に分けることができますが、それぞれの時間軸上の出来事に対して話者がどう向き合っているかを時制から判別できます。時制という概念を今一度整理し直してみてください。

Ich habe ein Brötchen gegessen.

▶ 現在完了形　従属接続詞　相関接続詞

Grammatik

1. 現在完了形

haben / sein ... + ... 過去分詞
枠構造

　ドイツ語の日常会話では、過去の出来事を現在完了形で表すのが一般的である。
完了の助動詞habenとseinは人称変化し、過去分詞は文末に位置する。

● 完了の助動詞habenとseinの使い分け

[haben支配：すべての**他動詞**（4格目的語をとる動詞）と多くの自動詞]

　Wir **haben** gestern Tennis **gespielt**.　私たちは昨日テニスをした。

[sein支配：以下のような自動詞]

場所の移動を表す動詞：gehen, fahren, laufen, kommen など

　Ich **bin** am letzten Sonntag nach Bonn **gefahren**.　私は先週の日曜日ボンへ行った。

状態の変化を表す動詞：werden, sterben など、その他：sein, bleiben

　Mein Sohn **ist** Bauingenieur **geworden**.　私の息子は建築技師になった。

● 話法の助動詞の完了形 [話法の助動詞はhaben支配で、過去分詞は不定詞と同形]

　Er **hat** gestern nicht kommen **können**.　彼は昨日来ることができなかった。

● 分離動詞の完了形

　Meine Tante **hat** einen Kuchen **mitgebracht**.　私のおばがケーキを持ってきた。

基本練習1 指示された動詞を現在完了形にして、（　　　）に入れなさい。

1) Wohin (　　) du am Sonntag (　　　　)?　　　　　　　　　　　[fahren]
　　—— Ich (　　) nach Koblenz (　　　　).　　　　　　　　　　　[fahren]

2) Was (　　) du dort (　　　　)?　　　　　　　　　　　　　　　　[machen]
　　—— Ich (　　) dort meine Eltern (　　　　).　　　　　　　　　[besuchen]

3) Warst du gestern nicht zu Hause?
　　—— Nein. Ich (　　) die Stadt Rothenburg (　　　　).　　　　[besichtigen]

2．従属接続詞

als ～した時	**bevor** ～する前に	**da** ～なので（既知の理由）	**dass** ～ということ
damit ～するために	**nachdem** ～した後で	**ob** ～かどうか	**obwohl** ～にもかかわらず
während ～する間	**weil** ～なので（未知の・重要な理由）	**wenn** ～する時、～ならば	

- 従属接続詞に導かれる**従属文**では、定動詞が文末に位置する。（**定動詞後置**）
  従属接続詞と文末の定動詞とで**枠構造**が形成される。

  ┌── 主文 ──┐ ┌── 副文（従属文）──┐
  Er liegt im Bett, weil er Fieber *hat*. 　彼は熱があるので、ベッドに横になっている。

  ┌── 副文（従属文）──┐ ┌──── 主文 ────┐
  Wenn das Wetter schön *ist*, machen wir einen Ausflug.　　天気が良ければ、私たちは遠足に行く。

- ドイツ語では、独立した主たる文を**主文**と呼び、主文に従属する文を**副文**と呼ぶ。
  従属文は副文のひとつに数えられる。副文では**定動詞**は**後置**する。

基本練習2 副文の日本語訳に合うように、（　　　　）に適切な従属接続詞を入れなさい。

1）（　　　　　　） das Wetter schön ist, machen wir einen Spaziergang.
　　　＜天気が良いので＞

2）Mein Mann arbeitet im Garten, （　　　　　） es stark regnet.
　　　＜ひどく雨が降っているにもかかわらず＞

3）Ich habe keine Ahnung, （　　　　　） er die Prüfung bestanden hat.
　　　＜彼がその試験に合格したのかどうか＞

3．相関接続詞

相関接続詞は2つ以上の語句から成り、慣用句的に用いられる。

entweder...oder... ～かまたは～	**nicht nur..., sondern auch...** ～だけでなく～もまた
weder...noch... ～でもなく～でもない	**zwar..., aber...** 確かに～ではあるが、しかし～

Sie kann nicht nur Arabisch sprechen, sondern auch Persisch.

　　彼女はアラビア語だけでなく、ペルシア語も話すことができる。

基本練習3 日本語訳に合うように、（　　　　）に適切な相関接続詞を入れなさい。

1）Kannst du mich bitte （　　　　　） heute Abend （　　　　　　） morgen früh anrufen?
　　　＜今晩か明日の早朝のいずれかに＞

2）Für eine Reise nach Afrika habe ich （　　　　　） Zeit （　　　　　） Geld.
　　　＜時間もなければお金もない＞

3）Mein Vater hat （　　　　　） recht, （　　　　　） ich kann ihm doch nicht gehorchen.
　　　＜確かに正しいが、しかし＞

 読んでみよう！ 📎 Text 10

→ DL 76

▶ Deutsches Brot

Da das Gesundheitsbewusstsein der Deutschen
in den letzten Jahren stärker geworden ist,
wird die vegetarische Ernährung immer
beliebter. Die Individualisierung der Lebensstile
übt großen Einfluss auf die deutschen
Essgewohnheiten aus.

単語・熟語・構文
s Gesundheitsbewusstsein
健康意識
in den letzten Jahren　この数年
vegetarisch　菜食主義の
e Ernährung　食べ物、食品
e Individualisierung　個別化、個性化
r Lebensstil　生活様式、生活スタイル
(複)Lebensstile
e Essgewohnheit　食習慣
(複)Essgewohnheiten
Einfluss auf ... ausüben
〜に影響を及ぼす

🗣 対話してみよう！ Dialog 10

A : Ich habe gestern ein Brötchen gegessen.

B : Weißt du, dass die Brötchen in Deutschland
verschiedene Namen haben? In Norddeutsch-
land zum Beispiel sagt man für ein Brötchen
„Rundstück", in Süddeutschland „Semmel".

A : Interessant. Weißt du auch, was für Brot dieses
dunkle und schwere ist?

B : Das muss Vollkornbrot oder Roggenbrot sein.
Das isst man übrigens am besten mit Schinken
und Käse.

A : Ach so. Sag mal, wie isst man eigentlich das Brot,
wenn man Vegetarier ist? Meine Freundin ist
nämlich Vegetarierin. Mir aber schmeckt Brot
ohne Schinken und Käse nicht.

B : Tja, lass mich mal nachdenken ...

単語・熟語・構文
s Brötchen　ブレート
ヒェン（小型の丸いパン）
s Vollkornbrot　ライ麦の
殻粒が入っている黒パン
s Roggenbrot　ライ麦パン
r Schinken　ハム
r Vegetarier, e Vegetarierin
菜食主義者
tja　うーん、そうねえ

---

column ドイツの朝ごはん

　パンの種類の多さでは世界一のドイツ。朝ごはんは、街のパン屋さんで焼きたてのブレートヒェ
ンBrötchen（別名ゼンメル）という小さなカリッとしたパンを買うことから始まります。他にも
ライ麦の酸っぱい黒パン、ベルリーナという揚げたジャムパンなど、「朝は皇帝のように食べる」
ということわざどおり、バターを塗って、さぁ、召しあがれ！

→ DL 77

Übungen 10

1. 指示された動詞を現在完了形にして、（　）に入れなさい。 → DL 78

1）Als Kind（　　　　）ich an der Küste oft viele Delphine（　　　）. ［ sehen ］

2）An der Uni（　）er Soziologie als Hauptfach（　　　　）. ［ studieren ］

3）Wir（　　　）die langen Winterferien in Norwegen（　　　）. ［ verbringen ］

4）Dem tödlichen Virus（　　　）viele Menschen zum Opfer（　　　）. ［ fallen ］

5）Mit zwei Stunden Verspätung（　　　）wir in Heidelberg（　　　）. ［ ankommen ］

2. 指示された接続詞を使って2文を1文にし、それを訳しなさい。 → DL 79

1）Es donnert. Wir müssen hier bleiben. ［ 前文にda を ］
➡ ....

2）Kannst du einkaufen gehen? Ich habe noch etwas zu tun. ［ 後文にweil を ］
➡ ....

3）Man glaubt. Christus ist drei Tage nach dem Tod auferstanden. ［ 後文にdass を ］
➡ ....

4）Ich war erst 15. Meine Familie emigrierte nach Deutschland. ［ 後文にals を ］
➡ ....

5）Es klingelte. Wir konnten kurze Pausen machen. ［ 前文にwenn を ］
➡ ....

3. ドイツ語に訳しなさい。 → DL 80

1）私は冬休み（複Winterferien）に（in）スキーをした（Ski fahren：現在完了形）ので（weil）、もうお金（s Geld）がない。
➡ ....

2）文（r Satz）は主語（Subjekt）と述語（Prädikat）から（aus...）成りたっている（bestehen）ことを（dass...）君は知っています（wissen）か。
➡ ....

📖 **この課のポイント**

　ドイツ語の文構造における最も大きな特徴である「枠構造」は、これまでに学習した話法の助動詞、未来形、分離動詞の他に、現在完了形そして従属接続詞による副文にも見られます。このすべてに定動詞の位置が関係しています。主語に応じて人称変化する動詞は、助動詞も含め定動詞と呼ばれ、文中での位置が固定しています。定動詞と枠構造についてもう一度きちんと整理してみましょう。

51

Lektion 11 — Das kann ich mir gut vorstellen.

▶ 再帰代名詞　再帰動詞　分詞

Grammatik　→ DL 81

1. 再帰代名詞

再帰代名詞は主語と同一の人称を表し、「自分(それ)自身」という意味をもつ。

	ich	du	er/sie/es	wir	ihr	sie	Sie
1格	ich	du	er/sie/es	wir	ihr	sie	Sie
3格	mir	dir	sich	uns	euch	sich	sich
4格	mich	dich	sich	uns	euch	sich	sich

⚠ sich以外は人称代名詞と同形

Ich wasche den Teller.　　私は皿を洗う。

Ich wasche mich.　　　　私は体を洗う。

Ich wasche mir die Haare.　私は髪を洗う。

⚠ 体の一部や身につけているものと結びつく3格(所有の3格)

基本練習1 日本語訳を参考にして、(　　)に適切な再帰代名詞を入れなさい。

1) Er wäscht (　　　　).　　　　彼は体を洗う。

2) Wasche (　　　　) die Hände!　手を洗いなさい。

3) Ich kaufe (　　　　) eine Uhr.　私は(自分用に)時計を買う。

2. 再帰動詞

つねに再帰代名詞とセットで用いられる。

⚠ 自分自身を喜ばせる=喜ぶ

freuen	喜ばせる		sich⁴ freuen	喜ぶ
freuen	喜ばせる	→	sich⁴ freuen	喜ぶ
erinnern	思い出させる		sich⁴ erinnern	思い出す
ändern	変える		sich⁴ ändern	変わる
setzen	座らせる		sich⁴ setzen	腰を下ろす
interessieren	興味をもたせる		sich⁴ interessieren	興味をもつ
erlauben	許可する		sich³ erlauben	あえて…する

他動詞：　Schubert interessiert mich.

再帰動詞：Ich interessiere mich für Schubert.　　私はシューベルトに興味がある。

基本練習2 (　　)に適切な再帰代名詞を入れなさい。

1) Ich muss (　　　　) beeilen.　　　　〈急ぐ〉

2) Das Wetter ändert (　　　　) schnell.　〈変わる〉

3) Erholen Sie (　　　) gut!　　　　　〈休養する〉

３．分詞

①現在分詞：不定詞＋d

laufen 走る + d　➡　laufend 走っている

● 動作の継続「〜している」という意味を表す。形容詞と同じように用いられる。

述語的用法： Das Argument ist sehr überzeugend.

その論拠はとても説得力がある。

付加語的用法： Die lachende Frau ist meine Mutter.　その笑っている女性は私の母です。

⚠️語尾を付ける！

副詞的用法： Sich gegenseitig alles Gute wünschend verabschiedeten sie sich.

（分詞構文）　　互いに幸運を願って、彼らは別れていった。

基本練習３ (　　　　)内の動詞を現在分詞に変えて、適切な語尾を付けなさい。

1）Die Ratten verlassen das (　*sinken*　) Schiff.　　〈沈む船〉

2）Ist das (　*lachen*　) Kind Ihr Sohn?　　〈笑っている子供〉

3）Nein. Das (　*weinen*　) Kind ist mein Sohn.　　〈泣いている子供〉

---

②過去分詞

● 動詞の3基本形の一つである過去分詞は、「〜された」「〜されている」「〜した」という意味の動作の完了や状態を表し、形容詞と同じように用いられる。

述語的用法： Die Stadt ist total zerstört.

⚠️sein＋過去分詞（状態受動）については、61頁を参照

その町は完全に破壊されている。

付加語的用法： Das ist meine gestohlene Tasche.　それは私の盗まれたかばんだ。

⚠️語尾を付ける！

副詞的用法： Mit einem Messer bedroht konnten wir nichts tun.

（分詞構文）　　ナイフで脅されて私たちは何もできなかった。

基本練習４ (　　　　)内の動詞を過去分詞に変えて、必要があれば語尾を付けなさい。

1）Die Pizza ist völlig (　*verbrennen*　).　　〈焦げた〉

2）Das ist ein (　*kochen*　) Ei.　　〈ゆで卵（ゆでられた卵）〉

3）Wir suchen eine (　*möblieren*　) Wohnung.　　〈家具付の住居〉

▶ Berufsmusiker

Wien gilt als „Hauptstadt der Musik". Der Name Wien erinnert uns gleich an viele berühmte Musiker wie Haydn, Mozart oder Beethoven. Diese drei waren dort von Anfang an Berufsmusiker. Der Hof und Adlige beriefen sie nach Wien und unterstützten sie finanziell. Bei Schubert war dies nicht der Fall. Er begann seine Musikerkarriere in Wien nämlich als einfacher Lehrer.

単語・熟語・構文
an ...⁴ erinnern
〜を思い出させる
r Berufsmusiker
プロの音楽家
Adlige　貴族
berief < berufen
招聘する
bei ... nicht der Fall
〜の場合当てはまらない

🗨🗨 対話してみよう！　**Dialog 11**

A：Interessant, dass Schubert einfacher Lehrer war.

B：Ja. Er hat nur nebenbei und privat Lieder komponiert.

A：Weißt du, wie er schließlich Berufsmusiker wurde?

B：Ja, seine Freunde haben ihm bei der Publikation seiner Werke geholfen. Manchmal haben sie sogar private Musikabende für ihn gegeben. Seine Freunde waren also wohl sehr wichtig für ihn.

A：Das kann ich mir gut vorstellen. Hm, übrigens, da du mein bester Freund bist, kannst du mir vielleicht bei meiner Seminararbeit helfen?

B：Na, na, als dein bester Freund sage ich dir, mach deine Arbeit allein!

単語・熟語・構文
nebenbei　片手間に
s Lied　歌曲(複Lieder)
komponieren　作曲する
r Musikabend　音楽の夕べ
(複Musikabende)
sich³ vorstellen　想像する
übrigens　ところで
e Seminararbeit
ゼミのレポート
na, na　おやおや、おいおい

> **column** 「シューベルティアーデ Schubertiade」
>
> 　シューベルトの芸術創造の基盤は、少年時代の学友たちと結成した友人サークルである。彼らは駆け出しの画家や作家など教養あるウィーン市民で、シューベルトのファンであった。彼らが開いた市民サロン「シューベルティアーデ」を通じて、シューベルトの名が徐々に知れ渡るようになったのである。シューベルトのリートの背景には、この知られざる友との友情があったことを忘れてはならない。

1. 指示された再帰動詞を適切な形にして、（　　）に入れなさい。 → DL 84

1) Die Kinder（　　　　　）（　　　　　　　）auf Weihnachten. 　[sich⁴ freuen]

2) Darf ich（　　　　）（　　　　）? 　[sich⁴ setzen]

3) Wir（　　　）（　　　　　）für klassische Musik. 　[sich⁴ interessieren]

4) Könnt ihr（　　　　）（　　　　　）? 　[sich⁴ vorstellen]

5) Hast du（　　　　）（　　　　）? 　[sich⁴ erkälten]

2. 指示された動詞を分詞にし、語尾を付けて（　　）に入れ、それを訳しなさい。 → DL 85

1) Der（　　　　　）Salat hat mir gut geschmeckt. 　[mischen]（過去分詞に）

　　訳：..

2) Ein Hexenschuss manifestiert sich als ein（　　　　）Schmerz.

　　　　　　　　　　　　　　　　　　　　　　　　　　[brennen]（現在分詞に）

　　訳：..

3) Frisch（　　　　）Brot essen wir gern. 　[backen]（過去分詞に）

　　訳：..

4) Als Kind hatte ich Angst vor（　　　　　　）Hunden. 　[bellen]（現在分詞に）

　　訳：..

5) Die von der Grenzpolizei（　　　　　）Grenze konnten wir nicht überqueren.

　　　　　　　　　　　　　　　　　　　　　　　　　　[sperren]（過去分詞に）

　　訳：..

3. ドイツ語に訳しなさい。 → CD 86

1) あなたの親切な(nett)援助(e Unterstützung)に(für...)、私はとても(sehr)感謝しています(sich⁴ bedanken)。

　➡　..

2) あなたはすばらしい(schön)青春時代(e Jugendzeit)のことを(an...⁴)覚えています(sich⁴ erinnern)か。

　➡　..

📖 **この課のポイント**

　他動詞とは「～を～する」という時の「～を」にあたる直接目的語をとる動詞のことです。その目的語が主語自身となる場合を、再帰動詞と呼びます。「～を喜ばせる」(freuen)から「自分自身を喜ばせる」(sich freuen)つまり「喜ぶ」となります。 日本語の母語話者には馴染みにくい表現形式ですので、繰り返し練習して慣れる必要があります。

12 Er gründete eine Liedertafel, die heute noch besteht.

▶定関係代名詞　指示代名詞　不定関係代名詞

Grammatik   → DL 87

1．定関係代名詞

- 定関係代名詞は、先行詞の性・数と必ず一致する。
- 定関係代名詞は省略できない。主文と関係文（副文）の間にはコンマを打つ。
- 定関係代名詞の格は関係文における役割によって決まる。

	男　性	女　性	中　性	複　数
1格	der	die	das	die
2格	dessen	deren	dessen	deren
3格	dem	der	dem	denen
4格	den	die	das	die

⚠定冠詞とは一部形が
違うので注意！

Ich habe einen guten Freund. Der Freund kommt aus Italien.
私にはひとりの親友がいる。　　　　その友人はイタリア出身だ。

├──────主文──────┤　　　├──────副文──────┤
Ich habe **einen guten Freund** , **der** aus Italien *kommt*.
　　　先行詞↑　　　　コンマ↑　↑定関係代名詞　　　↑定動詞（後置）

➡ 私にはイタリアから来た親友がいる。

Der Student, dessen Vater reich *ist*, hat einen Sportwagen.
　父親が裕福であるその学生は、スポーツカーを持っている。

Der Schüler, dem ich ein Wörterbuch *schenkte*, heißt Michael.
　私が辞書をプレゼントしたその生徒は、ミヒャエルという名前だ。

Der Gebrauchtwagen, den er gestern gekauft *hat*, ist schon kaputt.
　彼が昨日買った中古車は、もう壊れた。

Die Deutsche, mit der wir heute zusammen *essen*, fliegt morgen ab.
　私たちが今日一緒に食事をするドイツ人女性は、明日出発する。

基本練習1 （　　　　）に適切な定関係代名詞を入れなさい。

1）Ich kenne das Mädchen, (　　　　) sehr gut tanzen kann.

2）Ich kenne die Frau, (　　　　) du häufig Blumen schenkst.

3）Ich kenne den Mann, (　　　　) deine Schwester heiraten will.

56

2．指示代名詞

- 定冠詞は対象物を特定して「この・その・あの〜」という意味を持つ。この指示性がさらに強まったのが指示代名詞である。単独で用いられ、強めのアクセントが置かれる。
- 指示代名詞の格変化は前頁の定関係代名詞に準じる。

Kennst du den Jungen? —— Ja, **den** kenne ich gut.

　その男の子を知ってるかい？　　　　　　はい、その子ならよく知っています。

基本練習2 (　　　　)に適切な指示代名詞を入れて、訳しなさい。

1）Dieser Anzug steht Ihnen gut. —— (　　　　　) gefällt mir aber nicht.

2）Es war einmal eine Prinzessin. (　　　　) hatte ihr Vater, der König, sehr gern.

3）Mein Auto fährt viel schneller als (　　　　) meines Vaters.

3．不定関係代名詞

1格	wer	was
2格	wessen	—
3格	wem	—
4格	wen	was

> ⚠ 疑問代名詞のwerとwasも同じ変化をする！

- werは「およそ〜する人」、wasは「およそ〜する物・事」という意味を持ち、不特定の人や事物を表す。
- werは、先行詞をとらない。
- wasはalles, nichts, etwasなど特定の先行詞をとることがある。

┌──────副文──────┐┌────────主文────────┐

Wer unverschämt *lügt*, **dem** kann man nicht vertrauen.

　平気でうそをつく人を、信用することはできない。

Alles, **was** er gesagt *hat*, ist die Wahrheit.

　彼が言ったことはすべて真実だ。

基本練習3 (　　　　)に適切な不定関係代名詞を入れて、訳しなさい。

1）(　　　　) nicht arbeitet, [der] darf auch nicht essen.

2）(　　　　) du nicht vertraust, [dem] kann ich auch nicht vertrauen.

3）Von dem, (　　　　) er sagt, stimmt etwas nicht.

▶ „Stille Nacht, heilige Nacht"

Es war kurz vor Weihnachten 1818. Ein junger Hilfspfarrer in Oberndorf bei Salzburg bemerkte, dass die kleine Orgel in seiner Kirche kaputt war. So kam er auf die Idee, gemeinsam ein Lied mit Gitarrenbegleitung zu singen. Für dieses Lied schrieb er selbst den Text. Die Melodie komponierte sein Freund, ein Dorfschullehrer, am selben Tag in wenigen Stunden.

単語・熟語・構文
r Hilfspfarrer 　助任（副）司祭 kam auf die Idee, ... 　〜という考えを思いついた e Gitarrenbegleitung 　ギターの伴奏 r Dorfschullehrer 　村の学校の教師

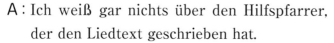
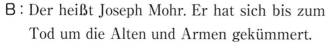

🐛🐛 対話してみよう！ **Dialog 12**

→ DL 89

A：Ich weiß gar nichts über den Hilfspfarrer, der den Liedtext geschrieben hat.
B：Der heißt Joseph Mohr. Er hat sich bis zum Tod um die Alten und Armen gekümmert.
A：Weißt du auch etwas über den Lehrer, der die Melodie komponiert hat?
B：Sein Name ist Franz Gruber. Der war Kantor und Organist in Oberndorf. Er gründete später eine Liedertafel in Hallein, die heute noch besteht.

単語・熟語・構文
hat sich um ... gekümmert 　〜の面倒をみた r Kantor　聖歌隊指揮者 e Liedertafel　合唱団 Hallein　ハライン（オーストリア 　にある小さな町）

---

column クリスマスのイベント

　クリスマスの準備期間を「アドヴェントAdvent」といい、4週間に及びます。灯すローソクの本数を1週間ごとに増やしていき、クリスマス当日へ向かって雰囲気を盛り上げます。これは1833年、ハンブルクで初めて行われたと言われています。クリスマス・ツリーもまた、16世紀（当時ドイツの）アルザスでモミの木の枝にお菓子やリボンを付けて装飾したことが始まりとされます。毎年11月中旬から世界中でクリスマス市が開かれますが、その発祥の地はドレスデンです。皆さんもよくご存知の聖歌『きよしこの夜』は、1818年ザルツブルク近郊の村オーベルンドルフの教会で生まれました。

Übungen 12

1. （　　）に適切な指示代名詞あるいは不定関係代名詞を入れなさい。 → DL 90

1）Das Arbeitslosengeld in Deutschland ist viel höher als （　　　　　） in Japan.

2）Kennen Sie Frau Rottenmeier?　—— Ja, （　　　　　） kenne ich gut.

3）Unser Chef ist sehr arrogant und unsympathisch.

　　（　　　　　） habe ich gestern meine Meinung gesagt.

4）（　　　　　） die Liebe nicht kennt, [der] kann nicht tolerant werden.

5）Genau das ist es, （　　　　　） ich überhaupt nicht verstehen kann.

2. 次の2文を、定関係代名詞を使って1文にして、それを訳しなさい。 → DL 91

1）Die Hose war in dem Geschäft nicht mehr da.　Die wollte ich kaufen.

　➡ ....

2）Kennst du den Mann?　Der steht seit einer Stunde vor dem Haus.

　➡ ....

3）Was machst du mit dem Laptop?　Den brauchst du nicht mehr.

　➡ ....

4）Wollen wir uns in dem Café treffen?　Das liegt gegenüber dem Theater.

　➡ ....

5）Auf der Party war auch Julia.　Ihr Bruder studiert jetzt in Japan.

　➡ ....

3. ドイツ語に訳しなさい。 → DL 92

1）彼はガールフレンド(e Freundin)に高価な(teuer)時計(e Uhr)をプレゼントした (schenken：現在完了形)。しかし彼女はその時計が(指示代名詞)気に入ら(gefallen)ない。

　➡ ....

2）2週間(zwei Wochen)前に(vor...)注文した(bestellen：現在完了形)本(複数形)が、やっと (endlich)届いた(ankommen：現在完了形)。

　➡ ....

📖 **この課のポイント**

　対象となる人や物を受けるのが人称代名詞であるのに対し、特定の人や物を指し示して強調するのが指示代名詞です。性・数・格に応じて変化しますので、その語形変化から何を指し示しているのかが分かります。定関係代名詞は先行詞の性・数と必ず一致します。従ってここでも定関係代名詞の形から、先行詞を特定することができます。

Das Konzert wird im Fernsehen übertragen.

▶ 受動文

→ DL 93

Grammatik

1. 動作受動　werden …+… 過去分詞　「～される」

能動文：Er zeigt ihr **die Fotos**.　　　　　　　彼は彼女に写真を見せる。

受動文：**Die Fotos** werden ihr von ihm gezeigt.　写真が彼から彼女に見せられる。

枠構造　　　　　　　　⚠ 過去分詞は文末

- ドイツ語では、能動文の4格目的語（直接目的語）が受動文の主語となる。

- 「動作・行為の主体」は「von + 3格」、「原因・理由」は「durch + 4格」で表す。

  Die Häuser **wurden** durch den Sturm **zerstört**.　家々が嵐によって破壊された。

- man が主語になっている能動文を受動文にすると、man は省略される。

  能動文：Man spricht auch in der Schweiz Deutsch.　スイスでもドイツ語が話される。

  受動文：Auch in der Schweiz wird Deutsch gesprochen.

- **話法の助動詞をもつ受動文**

  能動文：Hier darf man kein Wort sprechen.　ここでは一言もしゃべってはいけない。

  受動文：Hier darf kein Wort gesprochen werden.

2. 受動文の時制

現在形：　　　Dort wird ein neues Stadion gebaut.　あそこに新しいスタジアムが建てられる。

過去形：　　　Dort wurde ein neues Stadion gebaut.

現在完了形：Dort ist ein neues Stadion gebaut worden.　── ⚠ この形に注意！

未来形：　　　Dort wird ein neues Stadion gebaut werden.

基本練習1　（　　　　）に助動詞あるいは動詞を適切な形にして入れて、受動文を作りなさい。

1）Viele Musikstudenten lernen fleißig Deutsch.

　➡ Von vielen Musikstudenten（　　　　　）fleißig Deutsch（　　　　　）.

2）Der Bombenangriff zerstörte die Städte.

　➡ Die Städte（　　　　）durch den Bombenangriff（　　　　　）.

3）Die Polizei hat den Räuber verhaftet.

　➡ Der Räuber（　　　　）von der Polizei（　　　　）（　　　　）.

3．自動詞の受動文

　4格の直接目的語をとらない動詞を自動詞と呼ぶ。自動詞の文（能動文）を受動文にする場合、主語となるべき4格目的語がないので、主語のない文となるか、文頭に仮主語esを置くかのいずれかの文になる。

　　能動文：Heute Abend tanzt man im Saal.　　　　今晩、ホールでダンスが行われる。

　　受動文：Heute Abend **wird** im Saal **getanzt**.

　　受動文：**Es wird** heute Abend im Saal **getanzt**.
　　　　　　　⌞ⓘ 仮主語

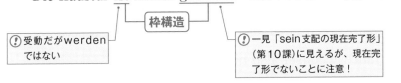
　基本練習2　（　　　）に適切な語を入れて、二種類の受動文を作りなさい。

　　1）In der Fabrik arbeitet man nur vormittags.

　　　➡ In der Fabrik（　　　　　）nur vormittags（　　　　　）.

　　　➡ Es（　　　　　）in der Fabrik nur vormittags（　　　　　）.

　　2）Vor dem Haus darf man nicht parken.

　　　➡ Vor dem Haus（　　　　　）nicht（　　　　　）（　　　　　）.

　　　➡ Es（　　　　　）vor dem Haus nicht（　　　　　）（　　　　　）.

4．状態受動　**sein** ...＋... 過去分詞　「～されている、～している」

　　Die Haustür **ist** immer **geöffnet**.　　玄関のドアはいつも開いている。
　　　　　　　　　　　　　　　　　　　　　　　枠構造

　　ⓘ受動だがwerden　　　　　　　　　　　　　ⓘ一見「sein支配の現在完了形」
　　ではない　　　　　　　　　　　　　　　　　（第10課）に見えるが、現在完
　　　　　　　　　　　　　　　　　　　　　　　了形でないことに注意！

　　基本練習3　すべて現在形で状態受動の文にしなさい。

　　1）Die Tür（　　　）noch（　　　　　）.　　　［schließen］

　　2）Das Zimmer（　　　）immer（　　　　　）.　　［aufräumen］

　　3）Drei Menschen（　　　）schwer（　　　　　）.　　［verletzen］

5．その他の受動表現

● sich＋不定詞＋lassen「～されうる、～できる」

　　Dieses Rätsel **lässt sich** schwer **lösen**.　　このなぞなぞは解くのが難しい。

● sein＋zu不定詞「～されうる、～されねばならない」

　　Diese Aufgabe **ist** leicht **zu lösen**.　　この課題は簡単に解決できる。

● bekommen＋過去分詞「～してもらう」

　　Sie **bekam** eine Blume **geschenkt**.　　彼女は花を贈ってもらった。

読んでみよう！ Text 13 →DL 94

▸ Das Neujahrskonzert

Das Neujahrskonzert der Wiener Philharmoniker findet jedes Jahr am 1. Januar in Wien statt. Das Konzert wird im Fernsehen in über 90 Länder übertragen. Zum ersten Mal durchgeführt wurde es am 31. Dezember 1939. Mit der Musik der Neujahrskonzerte soll der Welt der Geist der Hoffnung, Freundschaft und des Friedens übermittelt werden.

単語・熟語・構文

Die Wiener Philharmoniker
　ウィーンフィルハーモニー管弦楽団
zum ersten Mal durchgeführt wurde
　話題の強調構文。(それが)初めて実施されたのは

対話してみよう！ Dialog 13 →DL 95

A：Zu Silvester höre ich gern die Neunte Sinfonie von Beethoven. Was machst du zu Silvester?

B：Ich gehe meistens mit Freunden in ein Lokal, um dort gemeinsam den Jahreswechsel zu feiern.

A：Du verbringst den Jahreswechsel also nicht zu Hause?

B：Nein. Den Silvesterabend genießen wir mit Essen und Trinken und mit Tanzen. Schlag zwölf um Mitternacht machen wir Feuerwerk.

A：Echt? Das ist aber interessant!

単語・熟語・構文

r Silvester　大晦日
die Neunte Sinfonie
　交響曲第9番
s Lokal　(ダンスホールのある)飲食店
r Jahreswechsel
　年の変わり目
Schlag zwölf
　12時きっかりに
Feuerwerk machen
　花火を打ち上げる

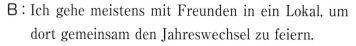

column ウィーンフィルハーモニー管弦楽団のニューイヤーコンサート

ウィーンフィルのニューイヤーコンサートは1939年にナチス政権下で始められたという影の歴史がある。しかし近年ではむしろ音楽を通じて平和へのメッセージを送る絶好の機会になっている。2009年、指揮者ダニエル・バレンボイムは「新年の挨拶」で中東と世界の平和を願う言葉を加えた。第一次世界大戦100年目の節目となった2014年には、バレンボイムが2度目の指揮を執り、世界の平和を祈念するコンサートとなった。

1.（　　　）に助動詞あるいは動詞を適切な形にして入れて、受動文を作りなさい。 → DL 96

1）Wien（　　　　　）„die Hauptstadt der Musik"（　　　　　）. ［ nennen ］＜現在形＞

2）Durch das Feuer（　　　　　）das alte Schloss（　　　　　）. ［ zerstören ］＜過去形＞

3）Die Kommunikationsformen sind durch das Internet völlig（　　　　）（　　　　）.

［ verändern ］＜現在完了形＞

4）Das neue Opernhaus wird hier（　　　　）（　　　　）. ［ bauen ］＜未来形＞

5）Ab April nächsten Jahres soll die Miete um 5 %（　　　　）（　　　　）.

［ erhöhen ］

2．次の文を受動文に書き換えなさい。 → DL 97

1）Mein Freund strich die Wände meiner Wohnung ganz weiß.

➡ ....

2）Dieser Arzt operierte gestern meinen Vater.

➡ ....

3）Viele Leute haben im Sommer diese Ausstellung besucht.

➡ ....

4）Wie kann man das auf Deutsch sagen?

➡ ....

5）Man muss die Öffentlichkeit über die Infektionskrankheit genau und richtig informieren.

➡ ....

3．ドイツ語に訳しなさい。 → DL 98

1）ニューイヤーコンサートは去年 (letztes Jahr) 誰によって (von wem) 指揮され (dirigieren) ました(過去形)か？

➡ ....

2）長い (lang) 議論 (e Diskussion) の末 (nach...)、私の提案 (r Vorschlag) が受け入れ (annehmen) られた (過去形)。

➡ ....

📖 **この課のポイント**

ドイツ語では能動文の４格目的語（直接目的語）だけが受動文の主語となります。「～に」にあたる３格の間接目的語は受動文の主語とはなりません。また４格目的語をとる他動詞でも、他動性がない場合、例えば Ich habe ein Auto. のような場合、受動文は作れません。

Lektion 14 Wie sollte man leben?

▶接続法第Ⅰ式　接続法第Ⅱ式

Grammatik　　　　　　　　　　　　　　　　　　　　　　　　　　→ DL 101

1. 接続法第Ⅰ式

　ドイツ語の動詞には、直説法と命令法に加えて第3の「法」(Modus)として**接続法**がある。接続法には**第Ⅰ式**と**第Ⅱ式**があり、**接続法第Ⅰ式**とは「〜だと思う」「〜だと人が言う」「〜であることを願う」などに相当する主文を前提とした表現方法で、動詞の形にその特徴が現れる。

● 接続法第Ⅰ式の基本形：**不定詞の語幹＋e**

不定詞		語幹＋e		接続法第Ⅰ式
kommen	➡	komm + e	➡	komme
haben	➡	hab + e	➡	habe
werden	➡	werd + e	➡	werde

● 接続法第Ⅰ式の人称変化　　　　　　　　　　　　　　⚠ seiは唯一の例外

ich	komme	habe	werde	sei
du	kommest	habest	werdest	sei(e)st
er/sie/es	komme	habe	werde	sei
wir	kommen	haben	werden	seien
ihr	kommet	habet	werdet	seiet
sie/Sie	kommen	haben	werden	seien

2. 接続法第Ⅰ式の用法

① 要求話法

Gott vergebe mir!	神様どうか私をお許しください。
Edel sei der Mensch!	人間は気高くあれ。
Möge sie glücklich werden!	彼女が幸せになりますように。

② 間接話法

a) 直接話法：　Sie sagt (sagte): „Ich gehe täglich einkaufen."

　　　　　　　　　彼女は「私は毎日ショッピングに出かけます」と言っている(言った)。

　間接話法：　Sie sagt (sagte), dass sie täglich einkaufen gehe.

　　　　　　　　　彼女は毎日ショッピングに出かけると言っている(言った)。

b) 直接疑問文：Er fragt (fragte) sie: „Hast du das Buch gelesen?"

　　　　　　　　　彼は彼女に、「その本、読んだ？」と尋ねる(尋ねた)。

　間接疑問文：Er fragt (fragte) sie, ob sie das Buch gelesen habe.

　　　　　　　　　彼は彼女に、その本を読んだかどうかと尋ねる(尋ねた)。

64

３．接続法第Ⅱ式

事実に反することや実現できないことを表し、**非現実話法**と呼ばれる表現方法である。**丁寧な婉曲的表現**や**外交辞令的表現**も、**接続法第Ⅱ式**である。

- 接続法第Ⅱ式の基本形

[規則動詞：過去基本形と同形]　　　　　　　[不規則動詞：過去基本形＋e]

不定詞		過去基本形		接続法第Ⅱ式
lernen	➡	lernte	➡	**lernte**

不定詞		過去基本形＋e		接続法第Ⅱ式
gehen	➡	ging + e	➡	**ginge**
sein	➡	war + e	➡	**wäre**

- 接続法第Ⅱ式の人称変化

ich	lernte	ginge	wäre	hätte	würde	könnte
du	lerntest	gingest	wär(e)st	hättest	würdest	könntest
er/sie/es	lernte	ginge	wäre	hätte	würde	könnte
wir	lernten	gingen	wären	hätten	würden	könnten
ihr	lerntet	ginget	wär(e)t	hättet	würdet	könntet
sie/Sie	lernten	gingen	wären	hätten	würden	könnten

４．接続法第Ⅱ式の用法

①非現実話法

- 現在の事実に反する仮定

Wenn ich Zeit und Geld **hätte, würde** ich eine Weltreise machen.

Hätte ich Zeit und Geld, **würde** ich eine Weltreise machen.（**wenn**の省略）

　　もし時間とお金があれば、世界旅行をするのだが。（実際は時間もお金もないのでできない）

現代ドイツ語では、仮定の帰結部にwürdeによる言い換えが多用される傾向にある。

- 過去の事実に反する仮定

Wenn ich dich damals **getroffen hätte, wäre** mein Leben ein völlig anderes **geworden**.

　　もしあの頃君に会っていたら、私の人生はまったく違ったものになっただろう。

- 仮定部の独立用法

Wenn ich doch ein Vogel **wäre**!　　もし私が鳥だったらなあ。（実現不可能な願望）

- als ob（als wenn）：「まるで〜かのように」

Du sprichst fließend Deutsch, **als ob**（**als wenn**）du ein Deutscher **wärst**.

　　君はまるでドイツ人であるかのように、流暢にドイツ語を話す。

②婉曲的表現（外交辞令的表現）

Ich **hätte** eine Frage.　　ひとつお聞きしたいことがあるのですが。

Könnten Sie bitte noch eine Weile **warten**?　　どうかもうしばらく待っていただけませんか。

読んでみよう！ **Text 14**

▶ Das Leben

Man sagt, nicht allen Menschen sei bewusst, wozu man lebt. Das sei eine philosophische Frage. Es gebe auch keine Richtschnur, die zeigt, wie man leben sollte. Für sie wäre es wohl wichtig, einmal etwas zu erleben, das ihnen eine richtig große Freude macht, oder eine Tätigkeit zu haben, bei der sie sich wohl und glücklich fühlen.

単語・熟語・構文
人³ bewusst sein 　〜に分かっている e Richtschnur　基準、指針 e Tätigkeit　活動、仕事 sich wohl und glücklich fühlen 　気分がよく幸せを感じる

 対話してみよう！ **Dialog 14**

A：Was würdest du tun, wenn du nur noch drei Monate zu leben hättest?

B：Warum fragst du das?

A：Ich möchte wissen, ob du mit deinem Leben zufrieden bist.

B：Na ja, ich weiß nicht. Aber warum möchtest du das wissen?

A：Ich verdiene sehr viel Geld, wahrscheinlich mehr als du. Ich habe auch eine größere Karriere gemacht als du. Aber bin ich zufrieden? Nein. Ich glaube, die Zufriedenheit mit dem Leben hat mit der Karriere nichts zu tun.

B：Du Armer! An deiner Stelle würde ich ganz glücklich und zufrieden leben.

単語・熟語・構文
nur noch ... zu leben haben 　あと〜しか生きられない mit ... zufrieden sein 　〜に満足している na ja　ふうん（困惑して） Karriere machen　出世する mit ... nichts zu tun haben 　〜とは何も関係がない Du Armer 　かわいそうな人ね an deiner Stelle 　もし私があなた（君）だったら

column 記憶の文化

　ドイツの街には、「つまずきの石」と呼ばれる長方形（正方形）の真鍮板が地面に埋め込まれています。かつてその建物に住んでいたユダヤ人の名前と生没年がその板に刻まれているのです。ナチスによるホロコーストと、迫害され虐殺されたユダヤ人市民のことを国民全員の意識の中にとどめようとする記憶文化のひとつです。

1. 指示された動詞あるいは助動詞を接続法第Ⅰ式あるいは第Ⅱ式の形にして（　　）に入れなさい。→ 104

1）Peter hat gesagt, dass unser Lehrer im Krankenhaus (　　　　). [liegen]
2）Maria glaubt, dass er intelligent und immer pünktlich (　　　　). [sein]
3）Matthias sagt, ich (　　　　) zum Arzt gehen. [sollen]
4）Meinen Sie vielleicht, ich (　　　　) so etwas tun? [werden]
5）Eva hat behauptet, es (　　　　) nichts passiert. [sein]

2. 次の文を訳しなさい。 → 105

1）Es ist schon halb eins. Wir könnten jetzt zu Mittag essen.
　　訳：...

2）Mein Chef trinkt zu viel. An seiner Stelle würde ich nicht so viel trinken.
　　訳：...

3）Hätte sie dich geliebt, hätte sie dich nicht fortgejagt.
　　訳：...

4）Es wäre schön, wenn Sie bald wieder nach Japan kommen würden.
　　訳：...

5）Ich habe den Eindruck, als ob er seit drei Tagen nichts gegessen hätte.
　　訳：...

3. ドイツ語に訳しなさい。 → 106

1）私たちの先生は、今学期(dieses Semester)試験をしない(keine Prüfung durchführen)と言っている。
　　➡ ....

2）私はあやうく(fast)最終電車(die letzte Bahn)に乗り遅れる(verpassen)ところだった。
　　➡ ....

📖 **この課のポイント**

　表現の内容に対する話者の立場や主観によって、動詞の形式が直説法であったり接続法であったりします。従って直説法の場合は例えば時制という形式から、接続法の場合は第Ⅰ式と第Ⅱ式という動詞の形式から、文の意味内容や話者の主観を読み取ることができますし、また読み取らなければなりません。文の意味と形式は表裏一体の関係にあると言えます。

著者紹介

神竹道士（かみたけ　みちお）
　元大阪市立大学教授、和歌山県立医科大学非常勤講師
國光圭子（くにみつ　けいこ）
　元大阪公立大学非常勤講師
田島昭洋（たじま　あきひろ）
　大阪公立大学非常勤講師

プレーミエ　ドイツ語総合読本 ［三訂版］

2024年 2 月 1 日　印刷
2024年 2 月10日　発行

著　者ⓒ
神　竹　道　士
國　光　圭　子
田　島　昭　洋

発行者　岩　堀　雅　己
印刷所　株式会社三秀舎

発行所
101-0052東京都千代田区神田小川町3の24
電話 03-3291-7811 (営業部), 7821 (編集部)
www.hakusuisha.co.jp
乱丁・落丁本は、送料小社負担にてお取り替えいたします。
株式会社 白水社

振替 00190-5-33228
株式会社島崎製本

ISBN978-4-560-06440-5

Printed in Japan

不規則変化動詞

不 定 詞	過去基本形	過 去 分 詞	直説法現在	接 続 法 II
befehlen 命じる	**befahl**	**befohlen**	ich befehle du befiehlst er befiehlt	beföhle/ befähle
beginnen 始める, 始まる	**begann**	**begonnen**		begänne/ 稀 begönne
beißen 噛む	**biss** du bissest	**gebissen**		bisse
biegen 曲がる(s); 曲げる(h)	**b<u>o</u>g**	**geb<u>o</u>gen**		böge
bieten 提供する	**b<u>o</u>t**	**geb<u>o</u>ten**		böte
binden 結ぶ	**band**	**gebunden**		bände
bitten 頼む	**b<u>a</u>t**	**geb<u>e</u>ten**		bäte
bl<u>a</u>sen 吹く	**blies**	**gebl<u>a</u>sen**	ich bl<u>a</u>se du bl<u>ä</u>st er bl<u>ä</u>st	bliese
bleiben とどまる(s)	**blieb**	**geblieben**		bliebe
br<u>a</u>ten (肉を)焼く	**briet**	**gebr<u>a</u>ten**	ich br<u>a</u>te du br<u>ä</u>tst er br<u>ä</u>t	briete
brechen 破れる(s); 破る(h)	**br<u>a</u>ch**	**gebrochen**	ich breche du brichst er bricht	br<u>ä</u>che
brennen 燃える, 燃やす	**brannte**	**gebrannt**		brennte
bringen もたらす	**brachte**	**gebracht**		brächte
denken 考える	**dachte**	**gedacht**		dächte
dringen 突き進む(s)	**drang**	**gedrungen**		dränge

不 定 詞	過去基本形	過 去 分 詞	直説法現在	接 続 法 II
dürfen …してもよい	durfte	gedurft/ dürfen	ich darf du darfst er darf	dürfte
empfehlen 勧める	empfahl	empfohlen	ich empfehle du empfiehlst er empfiehlt	empföhle/ empfähle
essen 食べる	aß	gegessen	ich esse du isst er isst	äße
fahren (乗物で)行く (s, h)	fuhr	gefahren	ich fahre du fährst er fährt	führe
fallen 落ちる(s)	fiel	gefallen	ich falle du fällst er fällt	fiele
fangen 捕える	fing	gefangen	ich fange du fängst er fängt	finge
finden 見つける	fand	gefunden		fände
fliegen 飛ぶ(s, h)	flog	geflogen		flöge
fliehen 逃げる(s)	floh	geflohen		flöhe
fließen 流れる(s)	floss	geflossen		flösse
fressen (動物が)食う	fraß	gefressen	ich fresse du frisst er frisst	fräße
frieren 寒い, 凍る (h, s)	fror	gefroren		fröre
geben 与える	gab	gegeben	ich gebe du gibst er gibt	gäbe
gehen 行く(s)	ging	gegangen		ginge
gelingen 成功する(s)	gelang	gelungen	es gelingt	gelänge
gelten 通用する	galt	gegolten	ich gelte du giltst er gilt	gälte/ gölte

不 定 詞	過去基本形	過去分詞	直説法現在	接続法 II
genießen 楽しむ	**genoss** du genossest	**genossen**		genösse
geschehen 起こる(s)	**geschah**	**geschehen**	es geschieht	geschähe
gewinnen 得る	**gewann**	**gewonnen**		gewönne/ gewänne
gießen 注ぐ	**goss** du gossest	**gegossen**		gösse
gleichen 等しい	**glich**	**geglichen**		gliche
graben 掘る	**gr<u>u</u>b**	**gegr<u>a</u>ben**	ich grabe du gräbst er gräbt	gr<u>ü</u>be
greifen つかむ	**griff**	**gegriffen**		griffe
haben 持っている	**hatte**	**geh<u>a</u>bt**	ich habe du hast er hat	hätte
halten 保つ	**hielt**	**gehalten**	ich halte du hältst er hält	hielte
hängen 掛かっている	**hing**	**gehangen**		hinge
heben 持ちあげる	**h<u>o</u>b**	**geh<u>o</u>ben**		h<u>ö</u>be
heißen …と呼ばれる	**hieß**	**geheißen**		hieße
helfen 助ける	**half**	**geholfen**	ich helfe du hilfst er hilft	hülfe/ 稀 hälfe
kennen 知っている	**kan<u>n</u>te**	**gekannt**		kennte
klingen 鳴る	**klang**	**geklungen**		klänge
kommen 来る(s)	**k<u>a</u>m**	**gekommen**		k<u>ä</u>me

不 定 詞	過去基本形	過 去 分 詞	直説法現在	接 続 法 II
können …できる	**konnte**	**gekonnt/** **können**	ich kann du kannst er kann	könnte
kriechen はう (s)	**kroch**	**gekrochen**		kröche
laden 積む	**lud**	**geladen**	ich lade du lädst er lädt	lüde
lassen …させる, 放置する	**ließ**	**gelassen/** **lassen**	ich lasse du lässt er lässt	ließe
laufen 走る, 歩く (s, h)	**lief**	**gelaufen**	ich laufe du läufst er läuft	liefe
leiden 苦しむ	**litt**	**gelitten**		litte
leihen 貸す, 借りる	**lieh**	**geliehen**		liehe
lesen 読む	**las**	**gelesen**	ich lese du liest er liest	läse
liegen 横たわっている	**lag**	**gelegen**		läge
lügen 嘘をつく	**log**	**gelogen**		löge
meiden 避ける	**mied**	**gemieden**		miede
messen 計る	**maß**	**gemessen**	ich messe du misst er misst	mäße
mögen 好む	**mochte**	**gemocht/** **mögen**	ich mag du magst er mag	möchte
müssen …しなければ ならない	**musste**	**gemusst/** **müssen**	ich muss du musst er muss	müsste
nehmen 取る	**nahm**	**genommen**	ich nehme du nimmst er nimmt	nähme
nennen 名づける	**nannte**	**genannt**		nennte

不 定 詞	過去基本形	過 去 分 詞	直説法現在	接 続 法 II
preisen 称賛する	**pries**	**gepriesen**		priese
raten 助言する	**riet**	**ger<u>a</u>ten**	ich r<u>a</u>te du r<u>ä</u>tst er r<u>ä</u>t	riete
reißen 裂ける (s); 裂く (h)	**riss** du rissest	**gerissen**		risse
reiten 馬で行く (s, h)	**ritt**	**geritten**		ritte
rennen 駆ける (s)	**rannte**	**gerannt**		rennte
riechen におう	**roch**	**gerochen**		röche
r<u>u</u>fen 呼ぶ, 叫ぶ	**rief**	**ger<u>u</u>fen**		riefe
schaffen 創造する	**sch<u>u</u>f**	**geschaffen**		sch<u>ü</u>fe
scheiden 分ける	**schied**	**geschieden**		schiede
scheinen 輝く, …に見える	**schien**	**geschienen**		schiene
schelten 叱る	**schalt**	**gescholten**	ich schelte du schiltst er schilt	schölte
schieben 押す	**sch<u>o</u>b**	**gesch<u>o</u>ben**		sch<u>ö</u>be
schießen 撃つ, 射る	**schoss** du schossest	**geschossen**		schösse
schl<u>a</u>fen 眠る	**schlief**	**geschl<u>a</u>fen**	ich schl<u>a</u>fe du schl<u>ä</u>fst er schl<u>ä</u>ft	schliefe
schl<u>a</u>gen 打つ	**schl<u>u</u>g**	**geschl<u>a</u>gen**	ich schl<u>a</u>ge du schl<u>ä</u>gst er schl<u>ä</u>gt	schl<u>ü</u>ge
schließen 閉じる	**schloss** du schlossest	**geschlossen**		schlösse

不 定 詞	過去基本形	過 去 分 詞	直説法現在	接 続 法 II
schneiden 切る	**schnitt**	**geschnitten**		schnitte
*er***schrecken** 驚く	**erschrak**	**erschrocken**	ich erschrecke du erschrickst er erschrickt	erschräke
schreiben 書く	**schrieb**	**geschrieben**		schriebe
schreien 叫ぶ	**schrie**	**geschrie[e]n**		schriee
schreiten 歩む(s)	**schritt**	**geschritten**		schritte
schweigen 黙る	**schwieg**	**geschwiegen**		schwiege
schwimmen 泳ぐ(s, h)	**schwamm**	**geschwommen**		schwömme/ schwämme
schwören 誓う	**schwor**	**geschworen**		schwüre/ 稀 schwöre
sehen 見る	**sah**	**gesehen**	ich sehe du siehst er sieht	sähe
sein ある, 存在する	**war**	**gewesen**	直説法現在　　接続法 I ich bin　　sei du bist　　sei[e]st er ist ·　　sei wir sind　seien ihr seid　seiet sie sind　seien	wäre
senden 送る	**sandte/** **sendete**	**gesandt/** **gesendet**		sendete
singen 歌う	**sang**	**gesungen**		sänge
sinken 沈む(s)	**sank**	**gesunken**		sänke
sitzen 座っている	**saß**	**gesessen**		säße
sollen …すべきである	**sollte**	**gesollt/** **sollen**	ich soll du sollst er soll	sollte

不 定 詞	過去基本形	過去分詞	直説法現在	接続法 II
sprechen 話す	**sprach**	**gesprochen**	ich spreche du sprichst er spricht	spräche
springen 跳ぶ(s, h)	**sprang**	**gesprungen**		spränge
stechen 刺す	**stach**	**gestochen**	ich steche du stichst er sticht	stäche
stehen 立っている	**stand**	**gestanden**		stünde/ stände
stehlen 盗む	**stahl**	**gestohlen**	ich stehle du stiehlst er stiehlt	stähle/ 稀 stöhle
steigen 登る(s)	**stieg**	**gestiegen**		stiege
sterben 死ぬ(s)	**starb**	**gestorben**	ich sterbe du stirbst er stirbt	stürbe
stoßen 突く(h); ぶつかる(s)	**stieß**	**gestoßen**	ich stoße du stößt er stößt	stieße
streichen なでる	**strich**	**gestrichen**		striche
streiten 争う	**stritt**	**gestritten**		stritte
tragen 運ぶ	**trug**	**getragen**	ich trage du trägst er trägt	trüge
treffen 出会う	**traf**	**getroffen**	ich treffe du triffst er trifft	träfe
treiben 駆りたてる	**trieb**	**getrieben**		triebe
treten 踏む(h); 歩む(s)	**trat**	**getreten**	ich trete du trittst er tritt	träte
trinken 飲む	**trank**	**getrunken**		tränke
tun する, 行う	**tat**	**getan**		täte

不　定　詞	過去基本形	過　去　分　詞	直説法現在	接　続　法　II
verderben だめになる(s); だめにする(h)	**verdarb**	**verdorben**	ich verderbe du verdirbst er verdirbt	verdürbe
vergessen 忘れる	**vergaß**	**vergessen**	ich vergesse du vergisst er vergisst	vergäße
verlieren 失う	**verlor**	**verloren**		verlöre
wachsen 成長する(s)	**wuchs**	**gewachsen**	ich wachse du wächst er wächst	wüchse
waschen 洗う	**wusch**	**gewaschen**	ich wasche du wäschst er wäscht	wüsche
weisen 指示する	**wies**	**gewiesen**		wiese
wenden 向きを変える	**wandte/ wendete**	**gewandt/ gewendet**		wendete
werben 募集する	**warb**	**geworben**	ich werbe du wirbst er wirbt	würbe
werden …になる(s)	**wurde**	**geworden/** 受動 **worden**	ich werde du wirst er wird	würde
werfen 投げる	**warf**	**geworfen**	ich werfe du wirfst er wirft	würfe
wiegen 重さを量る	**wog**	**gewogen**		wöge
wissen 知っている	**wusste**	**gewusst**	ich weiß du weißt er weiß	wüsste
wollen 欲する	**wollte**	**gewollt/ wollen**	ich will du willst er will	wollte
ziehen 引く(h); 移動する(s)	**zog**	**gezogen**		zöge
zwingen 強制する	**zwang**	**gezwungen**		zwänge